不听讲！爱说话！爱做小动作！

孩子上课总走神，
妈妈怎么办？

邱爽◎著

北京理工大学出版社
BEIJING INSTITUTE OF TECHNOLOGY PRESS

图书在版编目（CIP）数据

不听讲！爱说话！爱做小动作！孩子上课总走神，妈妈怎么办？/邱爽著. —北京：北京理工大学出版社，2019.7

ISBN 978 - 7 - 5682 - 6982 - 7

Ⅰ.①不…　Ⅱ.①邱…　Ⅲ.①儿童教育–家庭教育　Ⅳ.①G781

中国版本图书馆CIP数据核字（2019）第078090号

出版发行／北京理工大学出版社有限责任公司
社　　址／北京市海淀区中关村南大街5号
邮　　编／100081
电　　话／（010）68914775（总编室）
　　　　　（010）82562903（教材售后服务热线）
　　　　　（010）68948351（其他图书服务热线）
网　　址／http://www.bitpress.com.cn
经　　销／全国各地新华书店
印　　刷／三河市华骏印务包装有限公司
开　　本／710毫米×1000毫米　1／16
印　　张／10.5　　　　　　　　　　　责任编辑／李慧智
字　　数／112千字　　　　　　　　　　文案编辑／李慧智
版　　次／2019年7月第1版　2019年7月第1次印刷　责任校对／周瑞红
定　　价／36.00元　　　　　　　　　　责任印制／施胜娟

前 言

小学是孩子开启学习生涯的第一个重要阶段，妈妈们无不希望他们能在五六年时光中有所收获，有所成长。而也正是从此时开始，妈妈们对孩子的关注点，会不自觉地向学习偏移，更希望孩子能做到"好好学习，天天向上"。

然而，成为小学生之后的孩子，并没有表现得多么让人"省心"，因为很多孩子都会出现这样那样的学习问题，导致他们的学习进展并不如我们想象的那般顺利。在这些问题中，有这样一个问题可能是让妈妈们倍感疑惑和焦虑的，那就是孩子上课爱走神，注意力不集中。

走神是注意力不集中的一种表现，可发生于各种年龄段的人群，会对学习、做事产生较大的负面影响。对于孩子来讲，上课走神会让他的听课效果大打折扣，这就很容易导致他对知识的接纳过程出现断档。也许有些知识很基础、很简单，即便断档，也能通过自我学习等其他方式补充回来；可有一些知识，却只有经过认真听讲，去理解老师的思路，顺应老师的想法来解开一个又一个复杂的结，才可能让知识融会贯通，从而收获良好的学习成果。

所以，孩子如果在老师讲重要的内容时走了神，对他的学习会产生相当严重的不良影响。可能就是因为这一个节点他没有听到，没有注意到，就会让自此之后所有的内容都无法顺利地连接起来，以后再想连接，可能需要花费更多的时间与精力，即便如此，也未必能够完全做好这个连接。而且，走神一旦形成习惯，那么无论做什么事都有可能走神，这个坏习惯影响的范围将会更为广泛。可以说，这样的影响就不只是这一节课没有收获这么简单了，几乎是对他整个课程、整个学业乃至整个人生都会产生影响。

走神的后果可能会如此严重，相信妈妈们自然是不愿意让自己的孩子遭遇到。可是，到底应该如何避免这种事情发生呢？确实值得思考。

在很多妈妈看来，孩子上课走神是一个不可控的事情，因为当孩子身处学校之中、课堂之上时，已经脱离了妈妈的掌控；而且走神是一种心理活动，并不能像对待外在行为那样，凭借简单的制止、说教就能轻易纠正过来。有时候你去问孩子"你是不是走神了"，他可能会告诉你"没有"，也可能会告诉你"有一点"，然而不管哪个回答，可能都无法让你完全放下心来。

实际上，几乎每一个孩子都有可能在某些时候走神，不管是成绩好的孩子，还是成绩差的孩子，很多事情都可能导致他的注意力被转移。面对这种不可控的状况，到底怎么应对才合适呢？

这本书也许会给你提供一些帮助。

你可以从这本书里去发现导致孩子上课走神的原因，然后可以去对比一下自己孩子身上是否也存在类似的问题，从而有针对性地引导孩子加以解决。

你也能在这本书的提示下意识到自己身上存在的问题，因为孩子走神，可能并不仅仅是他自己的原因，可能你在生活中一直都以一种不正确的态度破坏着孩子的专注力，正是导致孩子上课走神的原因之一。

当然，你还可以从这本书里发现大量的方法，针对每一种原因，书中都将提供一些方法，你可以参考，可以借鉴，相信你会找到一条解决孩子走神问题的捷径。

作为妈妈，对于孩子的问题时刻都抱有一种急切的态度，这种心情是可以理解的，但是对解决问题并没有帮助，所以过分的焦躁并没有必要。任何从他人口中讲出来的方法，对于你来说都只是一种参考，最重要的是，你一定要回归到自己孩子身上，认识到孩子自身的特点，然后结合他的特点，在本书的启发之下，去寻求更适合解决他的问题的好方法。

孩子上课走神的问题，与其他各方面的问题一样，都是他成长道路上需要克服的障碍，我们要做成熟理智的妈妈，通过不断的学习，来帮助他更快地克服障碍，从而让他能在未来的人生道路上走得更顺利。

目 录

第一章　孩子上课总走神，妈妈怎么办?
——探究孩子走神的原因

进入小学之后，孩子的学习任务日渐加重，我们都希望他在学习方面能有出色的表现。但有时候却事与愿违，比如，孩子有时可能因为种种缘故让他的大脑在一瞬间偏离课堂。对于这种情况，我们也十分疑惑与焦虑，孩子怎么总是走神呢?

第二章　帮孩子远离上课走神的法则
——从课程入手，找准关键点

要解决孩子上课走神的问题，我们还是要先从"课程"这个根源入手。正因为孩子没有找对学习方法，没有确立好学习目标，不知道自己到底应该怎么学、学什么，这才导致他无法投入。所以要从课程入手，找准孩子问题的关键点，对症下药，帮他远离上课走神。

第三章 提升孩子上课的动机意识

——明白为谁学，孩子上课会更专注

有的孩子对于上学、上课会有一种错误的认知，他觉得自己是为了让妈妈开心、让老师表扬才这样做的。当孩子不能明了自己为谁而学，不确定上课的动机意识时，自然也就不能集中注意力。所以，培养孩子良好的学习动机，有助于他更为专注地应对上课、上学。

第四章 引导孩子专注于课堂内容

——必须解决走神背后的问题

对于孩子上课走神这件事，很多妈妈总是教训孩子，告诉他"你这样不对，你一定要改过来，要认真听讲"。但显然这样的教育方式是强迫孩子改正，但走神背后的问题并没有被解决。要想引导孩子专注课堂内容，就要从根源上去引导孩子主动消除引起走神的种种因素。

第五章　避免学习以外的事干扰孩子

——不走神，需要清扫的障碍

有相当一部分孩子之所以上课走神，是因为被学习以外的事物所干扰，不论是身体问题还是情绪问题，又或者是被其他事情所干扰，都会让孩子对课程失去兴趣，转而集中精力去应对那些问题。显然只有将这些学习之外的障碍都清扫干净，孩子才可能集中精力学习。

第六章　谨防偏激的教育加重走神

——妈妈反省改变，孩子更专注

你认为孩子走神只是他自己的原因吗？其实不是的，可能偶尔的一两次走神，的确是孩子主观方面有一些问题，但如果我们没有对他展开正确的教育，而是采取了错误的应对方式，那么孩子的走神问题就不能得到解决。所以要解决孩子的问题，也需要从我们自身入手。

第七章　不可错过的注意力训练

——提升专注力，孩子越学越有劲

提升孩子的专注力，不是只靠我们着急或只靠孩子觉得有压力就能实现的，我们也非常有必要借助一些有效的注意力训练，让孩子通过这些练习，使自己的大脑得到锻炼，养成专注的好习惯，从而更有效地提升专注力，进而对学习产生兴趣，越学越有劲，越学越爱学。

第一章

孩子上课总走神，妈妈怎么办？

——探究孩子走神的原因

进入小学之后，孩子的学习任务日渐加重，我们都希望他在学习方面能有出色的表现。但有时候却事与愿违，比如，孩子有时可能因为种种缘故让他的大脑在一瞬间偏离课堂。对于这种情况，我们也十分疑惑与焦虑，孩子怎么总是走神呢？

妈妈，我不喜欢数学课

——孩子对某门课程不感兴趣而走神

　　人们对于自己喜欢的事物，更愿意投入时间与精力去面对，全神贯注，哪怕废寝忘食也并不觉得有多辛苦，反而颇能寻得其中的乐趣。然而，一旦面对的是不感兴趣的内容，能坚持下来的人并不多，可能要不了多久，就会走神，脑内就开始天马行空，心思早就不在眼前的事物上了。

　　这一点在孩子身上会表现得更加明显。在课堂上，如果学的是一门很能吸引孩子兴趣的课程，他甚至可能会觉得一节课40分钟真是太短了，听不够；可若是他根本不感兴趣的课程，那真是每一分钟都是一种煎熬。

　　因为对课程不感兴趣，孩子没有办法完全投入，这时听课对他来说就变成了一种不得不去执行的任务。不得不去做自己并不喜欢的事，孩子的注意力会更加难以集中。可能一开始他还能告诫自己"要好好听课啊"，但很快，老师讲的内容在他听来就变成了天书，任何动静都能很轻易分散他的注意力，老师的声音也就随之在不知不觉中被屏蔽了。

　　有的妈妈可能无法理解孩子的这种表现，认为孩子就是在找借口玩。

因为从成年人的角度来看，认真听课是学习知识并能将其吸收的最佳途径，是孩子学习之路上最为有效的学习方法之一。但不得不说的是，成年人正因为经历过学习的过程，也亲身体验过认真听课与不认真听课所带来的不同效果，这才让我们能从自身的体会来得出相应的结论。

可是孩子却缺乏学习的经验，尤其是低年级的孩子，他们对于新生事物的接纳，还停留在"我喜欢就多关注，我不喜欢就不关注"的阶段。从自由的游玩时间进入规律的上课时间，对于孩子来说原本就并不容易，再听一些让他提不起兴趣的内容，他会觉得这时间更为难熬。

不同的孩子对于不同的课程会有各自厌恶的理由。比如，有的孩子不喜欢数学课，因为数学本身就是一种抽象的概念，孩子对于加减乘除的理解是需要时间的，可能有的孩子学了很久，依旧经常算错或不会；还比如，有的孩子不喜欢语文，课本里的拼音、生字，也许是他之前学过的，他觉得学习已经学过的东西很没有意思，于是便丧失了兴趣；当然孩子不喜欢一门课的理由多种多样……总之，只要孩子一句"我不喜欢"，他就会很直接地顺从自己的心意，选择不去认真听讲。

一些妈妈对于这种情况的应对总是太过随意、自我，比如，有的妈妈会苦口婆心地劝解，有的妈妈可能又会没完没了地批评。但我们要意识到，如果不能让孩子对课程产生兴趣，只是单纯地用大道理来压制他，他恐怕并不会买账。

所以，面对这种情况，我们还是要从根源上下功夫，只有让孩子发现那些课程中有意思的内容，让他发自内心地对这些课程产生兴趣，才能把他的注意力拉回到课程本身上来。不要只是单纯地批评孩子不好好听课，我们只有把握住"兴趣"这一重点，才能从根源上解决他走神的问题。

我真听不懂啊！

——不能理解老师讲的内容，就难免走神

　　课程内容的设定虽然是面向所有学生的，但总会有学生因为个人理解能力的问题导致无法听懂老师到底讲了什么。

　　因为听不懂而走神的情况有这样几种：

　　一种情况是，一开始孩子可以听懂老师在说什么，可在某一个地方，他忽然不明白了，这一停顿，老师已经继续向下讲了，因为这一点的不连贯，就导致他后面的内容都连不上了。这样的孩子可能并不是故意走神不去认真听，而是他将自己的注意力都放在了没听懂的那一点上，关注点出了问题，或者再简单一点来讲就是，这样的孩子不会听课。

　　还有一种情况则是，孩子从一开始就没听懂过，他每次上课都不知道老师到底在说什么，就像听天书一般，可他又不能从课堂离开去做其他的事情，既然表面不能行动，那就只能在内心里天马行空了。这样的孩子就是纯粹在消耗时间，而他听不懂的原因可能是不喜欢这门课，也可能是真

的理解力有问题。

还有一种情况，孩子处于一种一知半解的状态。在这种状态下，有的孩子会觉得自己已经明白了，便不再认真听讲，但实际上他并不是很明白，只是能听懂一些皮毛；有的孩子正因为不那么明白，就开始思考或者烦恼……不管哪一类孩子，都会导致走神。

对于孩子的这一问题，我们有时候也会觉得这是不可理解的。比如有的妈妈会说了："听不懂，就问啊，就学啊，不是正因为不懂才应该更好好听吗?"

其实不然。小学阶段的孩子大多数还处在一种"你教我学"的阶段，他们热衷于汲取知识，但是一旦遇到不能理解的地方，他首先会自己烦恼，而不会如大孩子或成年人那样想办法去解决问题。有的孩子是表现得很害羞，不敢去询问老师；有的孩子则不愿意表现得与别人不同，他不希望自己的"听不懂"成为他人笑话的对象；还有的孩子是觉得无所谓，对学习并没有一个正确的认识，并不觉得听不懂对自己有什么损失。

表面看来，是孩子的学习出了问题，但实际上我们应该多思考一下：孩子的听不懂，到底是什么原因所导致的?

有的听不懂，是因为孩子自己能力有限，孩子的理解能力需要培养，也需要多学学好的学习方法，如果孩子在这些方面没有改变，那么就不仅仅是因为听不懂导致上课走神的问题了，他的整个学习都将受到影响。

而有的听不懂，则是老师的问题，老师对于某些问题的解说可能超出了孩子的理解范围，或者老师的讲解对于这个年龄段的孩子来说是不合适的，这也可能会导致孩子不能接纳知识。我们需要更多地去了解孩子的同学，看看是不是有很多孩子都听不懂，只有群体效应出现，才能说明老师的讲解需要改进。

　　孩子的学习是一个漫长的过程，出现问题也是在所难免的，我们应该理智地看待这个问题，既不要只顾着训斥孩子的不用心，也不能将责任全都推卸到老师身上。我们只有正视问题，并努力去寻求问题的根本原因，从根源上去思考解决，才不至于让孩子陷入难过与难堪之中，才能让孩子在正确的引导下，勇敢面对问题，提升自我，以正确的心态迎接未来的学习。

妈妈，我讨厌那个老师！

——因为不喜欢老师，所以不专心听课

你可能很难猜测孩子对于老师的态度，你以为自己才应该是对孩子影响至深的那个人，他理应最听你的话，可实际上，当他开始接触到"老师"这样的人之后，他内心的天平已经有所偏移了，在某些时候，老师对他的影响要远超过我们对他的影响。喜欢一个老师是这样，讨厌一个老师，也将带来一定的影响。

很多孩子，会因为讨厌某位老师而不专心听那位老师的课。表面上看，孩子可能表现出了自己的"个性"，可实际上最终吃亏的还是自己。

曾经有已经毕业的"大同学"就感慨过自己当初犯过的"傻"：

我上小学 4 年级的时候，班里换了一个数学老师，新老师说话有口音，而且这个老师经常讽刺同学，我非常不喜欢她。每次一到她上课，我就觉得烦得很，有时听那么几分钟，有时干脆就一点都不听。一到上课，我要不就是低头打瞌睡，要不就是嘀咕吐槽她的口音，我宁愿做别的科目的作业，也不想听她说话。原本我的数学成绩还是挺不错的，可就是因为我讨厌这老师，连带对数学这一科都不怎么喜欢了，后来我的考试成绩直线下降，以至于到上了中学，数学都是我的弱项。

没有人可以得到所有人的喜欢，老师也是一样；同样，我们每个人也不可能做到"泛爱众生"，总是会有自己喜欢的人和讨厌的人。而孩子在喜恶表达方面会更为直接，喜欢就是喜欢，不喜欢就是不喜欢。当有了情绪时，孩子不会从更长远和广阔的角度去思考，他只会专注于眼前对情绪的释放。

所以，一旦他在学习过程中遇到了自己不喜欢的老师，或者因为某件事而对某位老师产生了不喜欢的情感，那么他就会因为不喜欢老师而不愿意认真听课。

因为厌烦老师而不专心听课的孩子，往往会表现得非常"决绝"，而老师也会因为他的这种厌烦的态度对他也不会再有耐心，这其实是一个两败俱伤的局面——老师的劳动得不到尊重，孩子也因此失去了获得指导的大好时机。

对于这个问题，我们也要进行一个综合的考虑，因为孩子不喜欢老师多半都不是"临时起意"，这种不喜欢是一种日积月累的情绪。所以我们需要找到孩子不喜欢老师的原因，了解他内心真实的想法，然后在最能让他内心松动的地方给出合理的建议，让他不再将个人的喜恶情感带入学习中去。

那些内容我早就会了！

——孩子学得快于或早于课程的进度

很多妈妈热衷于对孩子尽早开展教育，理所当然地认为"提早开始学习，孩子的基础就打得早，就比他人多学一些时间，他也会收获得更多"。于是很多孩子在刚上幼儿园的时候就已经开始在各种兴趣班里奔波了，也有很多孩子从这时候开始就已经在接触小学的教育内容，还有一些幼儿园本身就在进行这些超前的知识教育。

这样的结果显而易见，许多原本应该在小学才开始学习的东西，孩子在幼儿园就过早地接触到了。等他再进入小学，最初的那些重复性的内容可能会让他觉得学习是没有意思的，失去了最基本的学习兴趣，他当然也就没法集中精力了。

不仅是在最开始入小学的时候，很多孩子在整个学生生涯中，似乎都被要求处在一种超前的状态下。有相当多的妈妈认为，孩子只有学得多才可能更具有"竞争力"，三年级开始学习四年级甚至五年级的课程，到了六年级就要赶紧开始学习初中的课程，孩子一直都处在一种快于或早于课程的进度。

这种总是超前的状态，会让孩子产生一种沾沾自喜的心理，认为自己是很"了不起"的。他带着一种骄傲的心态去听课，每当老师讲出内容的时候，他都会觉得自己已经会了、已经理解了，当他发现老师讲的内容并不新鲜的时候，就会产生一种厌倦心理。

可是事实上，孩子的学习，尤其是在低年级的学习，用一个简单的比喻来讲，就是一种向瓶子里直接倒水的状态。孩子当下的思维、理解能力，让他的学习模式是一种直接接纳的模式，背诵、简单的计算、大量的练习，构成了他当下的学习主题，并不需要他投入过多的思考。但是随着年级升高，更多的内容需要他加入自己的思考，如果他习惯了这种沾沾自喜的超前学习模式，就会让他疏于思考，再加上他以为自己已经提前学会了，就会在听课时注意力不集中，错过老师讲解中的细节，这显然不利于他后续的学习。

其实对于小学时期的孩子来说，他更适合"刚好"的学习状态。学校课堂的教学进度安排，是符合孩子成长规律的，可以满足大部分孩子的学习需求，所以只要孩子能认真地跟着老师走，认真地听课，就可以保证他的学习质量了。当然，不否认有的孩子的确是学有余力的，那么我们也要多关注孩子，根据他自己的特点去引导他自己安排自己的学习，而不是由我们来过分干涉。

虽然让孩子多学一些并不是什么坏事，但是我们也应该教孩子正确地去吸纳更多的知识，教他学会怎样利用自己的优势，并配合老师的教授，让自己获得更多的学习技巧和学习机会。

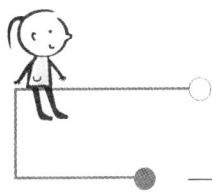

妈妈，我实在没法集中精神

——各种原因导致孩子注意力不集中

要说到不在课堂上走神，孩子是否有良好的注意力起到了关键性的作用。能够很好地集中注意力的孩子，就有能力将关注的重点放在学习之上，从而认真听完一节课。但是，大部分孩子可能都是定力不足的，任何一种原因都可能将他的注意力牵走，一旦他被其他事情所吸引或牵引，不管是一心二用，还是注意力已彻底转移，听课效果严重受到影响是不言而喻的。

那么导致孩子注意力不集中的原因都有哪些呢？

第一，情绪原因。

人陷入情绪之中，是没法去关注情绪之外的事情的，不管是开心还是难过、愤怒还是悲伤，都会让人无暇顾及周围。孩子也是如此，或者说，孩子会对情绪的反应会更大。哪怕一丁点的小事，也能让他一直记在心里，使他无法专注于学习。

最明显的情绪影响是负面情绪所带来的，失望、难过、悲伤、愤怒、委屈，这些负面情绪会让孩子的思绪始终围绕其他事，可能一节课下来，老师讲的内容他连一句话都没听进去。

有人也许会认为，积极的、正面的情绪应该不会影响孩子，但是如果孩子经历了什么非常令他兴奋的事情，比如比赛得了奖、即将要去郊游、马上要开运动会等，这些事所带来的那种喜悦感会让他沉浸在快乐之中，脑子里便也将全是这些好玩的事情，他还会设想、回忆，注意力也就随之偏移了。

所以要拉回孩子的注意力，我们也要多关注他情绪方面的问题。

第二，杂事原因。

这里的"杂"，也算是包罗万象了。别看孩子年纪小，但他也会因为各种学习以外的事情而烦恼，也会被各种其他的事情所吸引，或者是被其他事情占据时间和精力。

比如，家里如果发生了什么事，不管是搬家、换家具，还是和家人发生了矛盾，又或者是家里其他人之间产生了争吵，这些都能让孩子觉得疲惫，他没法安心离开家去认真听课；学校要举行某项活动，孩子若是参与其中，那么构思、训练等事项也会占据他的大部分精力；孩子和同学之间，哪怕是一次很小的争吵，都有可能让他一整天都提不起精神来去专心听课；至于说其他的事情，丢了东西、收到了礼物、和隔壁班的同学有了不愉快、被老师批评了、受到欺负了……这种种事情同样会让思维简单的孩子不那么容易走出来。

所以要帮助孩子提升注意力，我们也要找准原因，要意识到孩子并不是故意走神的，有针对性地帮助孩子解决心中的困扰，从而提高他的注意力。

第三，临时原因。

事实上，孩子能够保持注意力的时间是随着年龄的增长而增长的，越是年龄小的孩子，他的注意力集中时间越短。而且，孩子都很容易为外界其他因素所吸引。我们可以回忆一下，在自己小时候，坐在教室里，如果教室外面走过一个人，是不是有很多人都会回头看？如果窗户那里飘过什么东西，是不是也会有人立刻注意到？如果教室里某个地方发出了什么声音，包括你在内是不是也很想知道那是怎么了？这就是孩子，定力并不足，各种临时出现的事物、突发状况，都可能导致他的走神。

比如，有位老师就很无奈地说："我讲课的时候发现班里一个男生看着书不停地偷笑，为了不打断讲课进程，我只是提醒了他，没有多说。等到下课，我再问他为什么不好好听讲，他不好意思地告诉我，因为这节课的内容里，课本上有插图，看到那幅插图，然后自己改了几笔，觉得太好笑，就笑起来没完了。"

这些临时原因是所有人都始料未及的，所以要想让孩子能集中注意力好好学习，我们还需要更多的智慧。

太烦了！我根本没法学

——学习以外的因素带来的不良影响

如前所说，孩子可能会因为各种原因而导致注意力的迁移，在这些原因中，学习以外的因素所带来的种种影响最为让孩子难以抗拒。之所以这样说，是因为绝大多数的孩子难以做到一心二用。如果他在学习的同时还想着其他的事情，那么势必无法全心全意地去应对学习，而学习最来不得半点马虎应付，一旦心不在焉，所学的内容就没法完全进入大脑，即便眼睛在看，但思路没有跟上，那看多少遍也是徒劳；即便手中的笔在动，在做题，但要么是错误太多，要么是思路不对，练习做了也只是在浪费时间。

所有与学习无关的内容，都可能给孩子带来影响；所有可以让孩子的注意力从学习上转移开的内容，都会给孩子的学习带来负面影响。

来看这样一则小例子：

一天，老师发现一个孩子上课并没在专心致志地听课，而是总是紧闭着嘴，还时不时捂一捂嘴巴，要不就东张西望看看周围

的同学，老师讲什么内容，他都心不在焉。好不容易一节课结束后，老师叫来孩子一问，孩子很不好意思地说："老师，我中午在家吃了韭菜馅的饺子，味道好大啊，我怕周围同学闻到。"老师有些哭笑不得。

就是这样一件小事，也能让孩子完全转移自己的注意力，一节课都不能专心听讲。也许我们觉得孩子这是小题大做，但孩子的心思就是如此。

学习以外的因素，如兴趣爱好、人际关系、心情感受、各种事项，各种与学习没有关联的内容，都可能将孩子的思绪牵引走。哪怕是如前面那样一件小事，如果仔细分析一下孩子的心理，你就能注意到，孩子会在意自身的形象，会在意他人的看法，而且根据事情性质的不同，孩子所在意的东西可能还会更多。

有的妈妈觉得孩子真是小题大做，这样的小事怎么能和学习相提并论呢？他原本就应该好好学习，不用管其他事情的，如果出现这样的情况，就意味着孩子对学习是不上心的，要是真在意学习，哪里还顾得上别的？

这样的想法是从成年人角度去考虑的，而且是一种非常理想化的认知。孩子正在不断成长，他也会注意到周围人对他的关注与影响，这是必然的，他也会为了获得他人的好感或者为了获得其他的东西而产生行动与想法，这也是成长中的必然。而且就我们自己而言，难道我们就不在意这些了吗？不是的，我们所关注、在意的恐怕要更多，有些人甚至不能容忍陌生人对他的一句"不好看"的评价。

所以，从孩子的心理去思考，那些能让孩子烦躁起来的学习之外的因素，的确是他学习道路上的拦路虎，只有将这些可能会给学习带来影响的因素都清除掉，孩子才可能变得专心起来。

哈哈，终于注意到我啦

——以走神的方式引起他人的关注

　　孩子需要获得他人的关注，借助于此，他会产生安全感，会得到他人的认同，会感到自己是被需要的。但是对于孩子这种想要"求关注"的心情，很多妈妈却并不理解，反倒和孩子对着干，这就导致孩子越发想要被关注，甚至不惜采用一些"自损"的方式。

　　以走神的方式来吸引他人的关注，就是孩子采取的一种极端的方式。走神并不会对他人带来影响，只有孩子自己会因为走神听不到课程内容，不能很好地完成学习过程，这显然并不利于孩子自身的发展。

　　如果是这种方式，那么孩子的走神就是一种故意而为之的事情了，这也意味着他其实并不在乎使用什么方式，他在乎的是被关注的结果，只要能换来他人对他的关注，他的目的就达到了。所以他也就并不觉得自己的走神是错误的，反而会认为"这下终于注意到我了"，认为这是自己的胜利。

　　那么故意而为之的孩子，是真的不知道走神不对吗？也并不是。但是对于孩子来说，如果不能获得正面的关注，那么负面的关注也是同样能让

他产生满足感的。他因为走神，就能让老师注意到，而老师的关注还可能会反馈到妈妈那里，这也就让他间接地获得了妈妈的关注，对于那些渴望获得他人关注的孩子来说，这样的连锁效应是他乐于见到的。而且，有的妈妈会因此而对孩子大发雷霆，孩子其实也会从这样的一种关注中获得一种异样的满足感，他会觉得"即便你骂我，那你也是关注到我了"。

不得不说，这样去做的孩子其实也是值得同情的，更需要我们去仔细思考其中的原因。我们要想想看，以前是不是对孩子真的有那么关心？有没有对他关注不够？在学校里他经历过什么？老师对他的感觉如何？只有我们多思考，才能发现孩子用这种错误方式求关注的真实内心想法到底是什么。

还有一种可能性，是孩子自暴自弃的表现。他可能之前也曾经采用过正确的方法，比如认真学习、取得好成绩，把自己的各种小成就展示给我们看，但我们却可能只用"知道了""啊，我太忙，没时间，一会儿吧"等来回应、应付他。原本表现很好的孩子，在发现用正面的表现没法吸引到我们的注意力之后，就赌气采取了负面的手段。这种情况也是需要我们好好反省的。

另外，也有一种孩子就是觉得好玩，他想要看看自己这样表现到底会换来他人怎样的反应，对于他来说，求关注的过程就好像是一个游戏，他用自己的走神来开头，然后去吸引他人对自己的关注，让自己从他人的种种表现中去获得不同的感受。

孩子求关注，就是因为他获得的关注不够，这不仅是孩子自身的问题，更是我们的问题。所以在这样的问题上，我们需要不断地反思，要结合孩子自身的各种情况去思考，还要针对自己孩子的个性去考量，以寻求一个更合适的解决方案。

妈妈，我感觉身体不舒服

——孩子身体的原因而导致上课走神

身体是革命的本钱。确实，只有身体好了，才能有精力去做更多的事情，并有精力把事情做好。孩子也是如此，如果有一个好身体，没有病痛，没有难过的感觉，他就能全身心地投入要做的事情中去；相反，若是孩子身体有了不舒服的感觉，哪怕是一点难过，也可能将他的注意力转移开。

有一位妈妈讲了这样一件事：

我女儿原本成绩挺好的，但到了四年级之后，我发现她在学习方面越来越不行了。一开始只是作业经常丢三落四，后来我发现她的作业有反复涂改的痕迹，再后来她又对课堂学习内容不在意，原本整洁的课堂笔记也变得断断续续。老师也跟我反映说，女儿上课经常一副茫然的样子，看上去就没好好在听。

后来，我反复观察、询问，这才发现女儿眼睛近视了，她渐

渐地看不清黑板上老师写的字，不能更好地记作业、没法记全老师的板书。每天上课，她都在全力调动眼睛，想要看清楚黑板上到底写了什么，根本就无暇顾及老师讲了什么。

女儿说她不敢告诉我自己看不清了，怕我生气，但也怕自己每天看不清楚影响学习，这很矛盾，同时她并不喜欢自己戴眼镜的样子，她还怕周围同学笑话她。这种种焦虑的情绪夹杂在一起，让她的注意力更加不能集中。

我有些懊悔没有早点注意到孩子的情况，一想起之前我还曾经因为她不好好学习而训斥她，就觉得自己还真是有些失职了。

孩子身体的变化可能是突然的，也可能如这个孩子这般是一点点发生的。所以有时候也不能只看问题的表面现象，还是要深入了解其背后真正的原因。

一般来说，孩子说自己不舒服，有两种可能：一种是真的有了问题，他感觉疼、难受，是真的有了病痛；另一种，则可能是他的假话，我们要加以区分。孩子是不是真的身体有问题，我们要好好观察，比如发烧、感冒咳嗽、鼻塞、流鼻涕或者身体某处有伤口，这些都是我们可见的，对于孩子的身体状态可以予以理解；但是像是内里的疼，比如肚子疼、头疼，我们也要多留意、多询问，以确保孩子不会有大问题，如果真的不能确定，就及时就医。只有先解决了孩子身体的问题，才能为他做更多的事情打好基础。

其实在孩子内心中，除了疾病、伤痛，还有一种身体原因也会让他的注意力被转移，那就是身体的不同变化。比如，有的孩子身体肥胖，行动不方便或者座位不舒服，都可能导致他不能专心，如果再加上同学的嘲笑，也同样能转移他的注意力；还比如，随着青春期的即将到来，孩子们身体上的变化也将越来越明显，女孩的胸部，男孩的喉结、胡须等性别体征变化，也同样会变成孩子们关注的焦点，如果过分在意、担忧，也同样会分散他们的注意力。

让孩子有一个好身体，让孩子正视自己身体的变化，这是让他无后顾之忧地认真学习的一个基本条件，所以我们也要将这个问题重视起来。

第二章

帮孩子远离上课走神的法则

——从课程入手，找准关键点

　　要解决孩子上课走神的问题，我们还是要先从"课程"这个根源入手。正因为孩子没有找对学习方法，没有确立好学习目标，不知道自己到底应该怎么学、学什么，这才导致他无法投入。所以要从课程入手，找准孩子问题的关键点，对症下药，帮他远离上课走神。

数学课，你觉得哪里有问题呢？

——关注孩子的具体问题所在

孩子上课为什么会走神其实都是有具体原因的，也就是说，不能只凭借孩子说一句或者老师说一句"上课走神"，我们就只专注于去寻找怎么让孩子集中注意力的方法，这样可能只是在做无用功。所以在当下，有一件事是最优先的，那就是去寻找对于上课，对于某些课程，孩子到底感觉哪里有问题，他想要获得怎样的帮助，然后才能根据具体的问题来给出更恰当的指导建议。

不管是哪一门课，孩子可能出现的问题大概都包括这样几类：

第一类，没有兴趣。

这是比较要命的一种问题，因为从一开始就提不起兴趣，也就谈不上去全神贯注地应对了。不管是数学、语文，还是其他课程，孩子都可能因为某些原因而对这门课程失去兴趣。所以显然，针对这样的问题，我们就应该从培养孩子对课程的兴趣来入手。

第二类，基础没有打好。

学生课程的安排都是循序渐进的，如果从一开始就有了良好的基础，那么后续对知识的接纳才会更容易。但很多孩子却可能在一开始就没有投入学习中去，或者是没有适应学习的节奏，或者是觉得自己之前学过了而没有在意，总之如果基础不牢，就相当于是在后期建造空中楼阁，很多知识都可能前后联系不上，从而出现学习困难。而一旦出现困难，孩子就难以集中精力了。

第三类，不够认真。

孩子在学习方面是否认真细致，这也是需要时间来培养的，我们可能会经常发现孩子有丢三落四、看错、写错、记错的毛病。这也可能与孩子的心态有关，尤其是已经学会了的知识，他会变得更加不以为意。这就是孩子学习态度的问题了，我们也要找准切入点。

第四类，存在接受障碍。

听不懂、无法理解、不能融会贯通、无法举一反三……每个孩子对于知识的接受能力都有所不同。同样的知识，对于有的孩子来说是一听就会的，但对于有些孩子来说则可能是需要反复琢磨才能懂的。尤其是在这个时候，很多妈妈更容易着急，一时脱口"你怎么这么笨"，这也是我们在教育过程中的一个大忌讳。孩子对于知识的接受和理解能力因人而异，我们倒不如将更多的精力放在寻找适合他的学习方法上，而不是只顾着着急，尤其是不要觉得这些学习问题只是孩子上课走神所导致的，对症下药才最有效。

第五类，没有信心。

有的孩子可能经历过听不懂、学不会、考试失败、老师批评、妈妈失望等一系列的事情，在学习的时候，他就会产生一种紧张心理，原本能学会的内容，可能也会因此学不会了，而且带着这种不自信，孩子在学习时也会忧心忡忡，不能专注应对。

事实上，孩子在学习上可能会遇到各种各样的问题，每个孩子与每个孩子都是不一样的，不能一概论之，也不能妄自猜测。我们需要好好去了解，要带着想要帮助孩子自己解决问题的心情，而不能只想着去教训孩子。当我们专注的重点发生转移后，孩子也会更乐于向我们寻求帮助，并虚心接纳我们的帮助。

明天数学老师会教你使用一种伟大的计算工具

——善于激发孩子的学习兴趣

孩子愿意投入去做一件事，起因都很简单，就是兴趣。当孩子对学习产生了足够的兴趣，他自然就能主动认真了，也就不会再轻易走神了。

对学习不感兴趣，可以说是孩子上课走神的一大主因，但是这种情况也不是绝对的，毕竟不是所有孩子都对学习没兴趣，于是当了解到只有自己的孩子上课走神时，有的妈妈就坐不住了，会开始数落孩子："怎么就你走神呢？你看看人家别人的孩子，都那么认真。"

这样的表达并不会让孩子产生愧疚感，反而会让他对学习越发没有兴趣。看到孩子上课走神，担心他学习会出问题，这种急切的心情是可以理解的，不过我们也要抓住问题的关键，也就是要用智慧来帮助孩子对学习产生兴趣，要做善于激发他学习兴趣的妈妈，而不只是单纯地批评、发牢骚。

不妨尝试一下如下的一些做法：

第一，理解孩子对学习的"负面感受"。

"妈妈，我真的是对这门课没兴趣，听不进去"，能说出这样的话来，从另一个侧面也证明孩子是诚实的，他愿意把自己的感受讲给你听。同时，他也很明确地把自己走神的原因告诉了你，这一点诚实是值得肯定的。

所以，你需要理解他的这种感受。但要注意的是，你理解的，是他因为没兴趣还必须坐着听枯燥课程的难过感觉，而不是他因为没兴趣就走神的这个行为。孩子此时其实也是迷茫的，他也知道走神并不好，但是他自己没法正确扭转过来，所以他其实也是来向你寻求帮助的。

对于孩子表达出来的这种难受、烦躁的感觉，你可以说一句"嗯，没兴趣还非要听，的确挺不舒服的"，就这一句话，也会让孩子感觉与妈妈的心更贴近一些，那么接下来再进行教育，他也就不会那么排斥了。因为妈妈的理解，让他感觉到自己是自由的，不是被压迫的，而他也知道妈妈可以给他帮助，所以再接受教育就会很顺畅了。

第二，与孩子讨论学习中有趣的事物。

理解孩子的感受，在他放松下来之后就要顺势引导他去发现学习中有趣的事物。毕竟，学习并不是完全枯燥的，总能有好玩的一面是可以吸引他的。所以我们不能总沉浸在"孩子不感兴趣，很没意思"这个主观感受中，而是要用成年人的智慧帮助孩子发现学习内容和过程中好玩的一面。

比如，数学学习中会遇到应用题，将应用题看成是一种游戏，把题目当成游戏表演出来，然后在游戏中引导他思考；比如，把看图说话当成讲故事，一人讲一个小故事，用我们的故事引导出孩子的故事，或者和他一

起构思一个小故事，让他感觉原来想象力也能很容易发散开来；再如，也可以借助一些工具启发孩子的学习兴趣，像是算盘就是一个很好的学习数学的工具，在算盘上做加减乘除，和孩子一起动手动脑，也能激发他的兴趣。

学习中会有很多好玩的地方，关键在于我们能不能先发现，然后再引导孩子顺着这样的思路去自我发现，鼓励他去寻找那些能调动自己兴趣的内容，他对学习的态度慢慢也会有所改观。

第三，学会智慧地引导孩子。

总有妈妈会强迫孩子"你必须对学习要有兴趣"，兴趣不是强迫出来的，一定是引导出来的。同样的内容，换一种表达方式，可能就会让孩子有不一样的感受。

比如，学习珠算，如果你告诉孩子"明天老师要教你们学习用算盘"，他可能会觉得"怎么又要学啊，真烦"，但如果你说"明天老师会让你们见识到一件伟大的数学工具"，相信不管哪个孩子的兴趣都会被调动起来，他会好奇，会忍不住想要了解，想要去尝试。

我们应该学会做个有智慧的妈妈，学会转换自己的表达方式，学会用一种轻松的态度去看待孩子的学习，越是放松，智慧与灵感才越能如泉涌。

第四，建立自己对学习的兴趣

妈妈的榜样不管在什么时候对孩子都是有效的，孩子对学习没兴趣，那你不如先建立起自己的学习兴趣。

来看一位妈妈的做法：

　　孩子每天放学回家都会扎到电视或电脑前，看各种动画片，妈妈一提学习，他就不乐意。老师也曾经跟妈妈反映说，孩子上课有时候会走神，一问他就说在想动画片的内容。妈妈一开始也反复说，但孩子就是不听。

　　有一天吃完晚饭，妈妈自己拿了一本书就坐在离孩子不远的地方，看了好一会儿。孩子看动画片的间隙，忍不住过来问："妈妈看什么呢？"

　　妈妈说："一本好书，让妈妈学到了很多东西。"

　　孩子太好奇了，继续问："给我讲讲好吗？"

　　妈妈便把书中好玩的地方讲了出来，孩子也被吸引了。妈妈便趁势说："书里有好多好玩的东西，包括你自己的书，你不找找看吗？"

　　后来又过了几天，孩子对妈妈看的书越来越好奇，同时也对妈妈的话感觉心痒痒，终于有一天，他没再关注动画片，而是也找了一本书，和妈妈并排坐在一起读了起来。

　　这就是一种潜移默化的引导，我们要相信自己的力量。当你自己做了正确的事情，孩子自然会跟着你学。在你智慧的引导下，孩子会通过亲身体验感受到你所说的对他是有益的。

孩子，今天回答了几个问题？

——及时了解孩子每天的学习状态

你是怎么知道自己的孩子上课走神的呢？

对于这个问题，很多妈妈的回答大概都是这样的："老师告诉我的！""老师提醒我了！"没错，老师是反馈孩子学校表现的一个最直接的关系人。但是，自己也做过学生的我们，其实也应该心知肚明，凡是等到老师再通知的事情，就意味着这件事已经成了一个严重的问题，严重到老师不得不通知妈妈引起注意了。

可是我们为什么非要等到老师来通知呢？很多事情，我们原本可以自己去发现的，只要对孩子多一些留意，多一些了解，就能通过他日常的学习状态去发现他的问题。

第一，要问得自然而然。

孩子喜欢妈妈的关注，但是当开始上学之后，绝大多数的孩子并不喜欢妈妈过分关注他的学习，如果你总是很刻意地围绕他的学习去提问，他会反感。尤其是那些原本就能自我感觉到自己的学习并不是很好，自己有很多毛病的孩子，会对这种反复的询问有一种下意识的逃避，到那时你可能就真的听不到真话了。

所以，一定要问得自然，可以把与学习有关的话题和其他的话题掺杂在一起，最开始从孩子感兴趣的内容说起，听他说学校里好玩的事情，说同学的事情，说老师的事情，然后在合适的时候，问上一两句，比如"这个老师讲了什么""这节课有意思吗""大家都是什么表现"等，顺着孩子的兴头，把问题夹在其中，你问得自然，孩子答得也就自然，气氛也是自然的，他不反感，你还顺势得到了自己想要的内容。

第二，问一些启发孩子思考的问题。

有的妈妈问孩子问题，会习惯性地想要获得最直接的答案，"是不是""对不对"这样的问题过多，孩子甚至只需要点头摇头就好了。可这样简单直白的问题，往往不能了解到孩子真实的学习情况，而且为了遮掩自己的缺点，他还有可能会说假话。

所以，了解孩子的学习情况，最好多问一些能启发他思考的问题，比如，孩子说他今天在课堂上回答了问题，就问问他"老师问了什么，你是怎么想的"；孩子说今天课堂很有趣，那就问问他"今天讲了什么内容这么好玩，让我也听听"；孩子说到了某位老师，就问问他"这位老师讲的什么内容让你印象深刻"；等等。

通过这样的了解，也许我们还能发现孩子的问题，比如当他不能更清

楚地说出课堂上的事情，或者不能很明确地反馈老师所说的话时，我们也可以开玩笑一般地接一句："哦，小脑袋当时出去玩了一圈吧？下次认真听就不会落下内容啦！"这样一来，不仅了解到了孩子走神的真相，也能借机给他有用的建议。

第三，不要故意刨根问底。

还是那句话，大部分的孩子并不喜欢在学习这个问题上讨论太多，如果妈妈再没完没了地一定要问到底，他会更加烦躁。我们要学会点到为止，也应该学会"放长线钓大鱼"，就是把想知道的内容拆开来问，今天问一点，明天了解一点，用成年人的理智思维把孩子所描述的内容连成线，然后再去分析和思考。

而且，最好是引导孩子主动自己去说，这要好过我们不停地问。用一两个引发思考的问题，让孩子自己把所经历的事情说一遍，把课堂上老师到底是什么样的主动表达出来，这对于孩子是一个不错的表达机会。

第四，理智面对孩子在不知不觉中表现出来的问题。

通过询问、交流，比孩子更成熟的我们一定会发现孩子的问题，他的回答会在不知不觉中就将他的问题暴露出来。就拿走神来说，孩子可能会告诉你"我当时没注意，结果没听到"，这时怎么办？如果你直接说，"这可不行啊，你这样是不对的，你总是不好好听，学习会更差"，这是一种负面的预估，孩子会很快意识到你在指责他。孩子都有强烈的自尊心，他可能会觉得你这样和他说话就是为了批评他，他会不服气，你的教育并不能成功。

即便是发现了孩子的问题，我们也应该保持理智。比如，有一位妈妈是这样做的：

聊天时孩子提到一句"我当时顾着看书了，结果没注意听"，妈妈回应道："哦，妈妈有一次也没注意，结果没听见别人说的话，导致工作失误了，还被扣了奖金，挺郁闷的。"

孩子听了之后，很惊讶，妈妈趁势说："你可要记住妈妈这个教训呀，你想想看，自己应该怎么做？"

孩子连忙说："我可要好好听了，如果考试刚好考到我没听见的东西，那我也就惨了啊！"

妈妈拉住孩子的手点头说："看来，我们最好彼此监督一下了。"

这就是很有智慧的处理方法，既让孩子意识到了问题，也让他在心中加以重视，彼此约定的监督也让他有了责任感。这样的理智处理，我们可以好好参考一下。

妈妈小时候是这样听课的……

——心平气和，教孩子正确的听课方法

当意识到孩子上课走神的时候，很多妈妈会觉得孩子是故意调皮，是在捣乱，总是会从一种"孩子主动不听课"的犯错的角度去教育孩子。但实际上，孩子能在上课的时候走神，除了有不感兴趣等方面的原因，还有一个重要的原因，那就是他不会听课。很多孩子简单地认为，听课就是"听"人讲话，带着耳朵去听就够了。原本孩子的注意力可集中的时间就短，就那么干听别人讲，还是一些或抽象、或枯燥的知识内容，孩子很难坚持得下去。

但是面对连课都不会听的孩子，有的妈妈又着急了，"课都不会听，这不就是笨的表现吗？不就是孩子不如人的表现吗？"一旦有了这样的想法，很难有妈妈能保持平静，就会更加想要选择合适的教育去引导孩子，希望他能赶上来。

其实完全没必要这么着急，既然不会，那我们就把正确的听课方法教给他好了，只不过在教的时候，要保持心平气和，可把以下内容教给孩子：

第一，做好预习。

预习是听好课的一大法宝，如果孩子能从一开始入学就养成预习的好习惯，那么对于他日后越来越繁重的学习是有帮助的。而且预习会让孩子对即将要学的内容有一个最基本的了解，当老师再讲课的时候，他会有一种能够把控所学的感觉，而不会因为完全不知道老师在讲什么而感觉一团乱。

对于听课效果好的课程，孩子可以少预习，简单翻看课程内容就够了；对于经常会走神的课程，就需要多预习一些，把握住整体的知识内容，尤其是把自己一时没弄明白的地方做个标记，有问题的地方也记录下来，方便听课的时候重点去听。

刚入学的孩子也许会觉得这很麻烦，我们也要有耐心，不妨拿出自己当年学习时的状态来举例子，告诉孩子课前预习是多么有用，让孩子能接受这个好习惯。

第二，会记笔记。

有的孩子记笔记就只是在抄板书，但还抄得很慢，于是大量时间都被耗在写字上了，自然也就无暇顾及老师到底讲了什么；有的孩子记笔记又只是很敷衍，偶尔才动一下笔，甚至全程都只是听，结果等到课下再想回头看看老师讲了什么，笔记一片空白，再加上走神没听全，根本就没法补上课程内容。

小学生的笔记最开始时不会太复杂，或者可能都没有那么多的笔记，所以我们可以提醒他用笔在老师重点强调的地方做个记号，如果老师有了板书，可以跟着老师讲课的过程去简单地记录。

随着年级升高，某些课程的板书或课件会慢慢多起来，但我们也要提醒孩子以下几点：首先，一定要先听老师讲课，宁可记不全笔记，也不要忽略老师说的内容；其次，如果课本上有，就不需要再多余记录；最后，板书不是用来抄的，而是要记录老师的解题思路和分析过程。

第三，紧跟老师。

如前一条提到的，宁可记不全笔记，也要紧跟着老师讲课的进度走。我们要提醒孩子，当老师开始讲课时，老师就是课堂上的主宰，他的关注点应该放在老师身上，而不是黑板上或课件上的文字，要认真去听老师讲话，不要被板书或课件带走思路。

防止走神的一个最简单原始的方法，就是提醒孩子紧跟着老师，老师说什么，他就去关注什么，老师讲到哪里，课本要翻到哪里，也就是老师让干什么就干什么，这样全程听下来，课程内容也就能掌握个八九不离十了。

第四，及时复习。

对小学生而言，尤其是低年级的小学生，可能并没有课后复习的概念，因为很多课程都可以当堂消化。那么我们就可以从他的课后作业入手，提醒他在做作业的时候去回忆当天课堂上讲过的内容，或者在聊天的时候，和他聊聊当天学习的内容，在不知不觉中和他一起复习一下当天课程。

小学高年级的孩子，已经意识到了学习的重要性，且知识内容也变多了，课后复习就变成了必须做的事情。那就要提醒他，做完作业后，可以把当天讲过的课程再看一遍，老师提到的重点、难点要着重关注，没做对的题多做几遍，已经学会的知识点再巩固一下，以保证自己牢固掌握当天所学的内容。

妈妈跟你说一件很好玩儿的事……
——帮孩子发现课程中的新鲜感

　　每天都去上课，每天都面对同样几个老师，只不过是老师讲的话不同，书本翻开的页面越来越多，本子上会记录越来越多的文字。对于有的孩子来讲，上学可能就是日复一日地重复这些事情，时间久了，也许无法再发现学习还有什么其他好玩的感觉，而且还要每天坚持下去，还要应付大大小小的考试，慢慢地他的厌倦感就出来了。一旦孩子对学习产生了厌倦感，上课走神几乎是不可避免的事情。

　　所以我们得要让孩子保持对学习的新鲜感，也就是让他能经常发现课程中的新鲜事物，经常发现课程中还有很多好玩的内容。

　　有位妈妈是这样做的：

　　　　孩子刚上一年级，课堂上每天都在学习拼音，刚学了没多久，孩子觉得很没有意思，每天都是重复的内容，他有时候上课会开小差，想着动画片，想着玩具，想着游戏，变得不那么专心了。

老师及时和妈妈反映了这个问题，妈妈想了个办法。

这天放学回家，妈妈拿出一沓自己做的拼音卡片，拉上爸爸，和孩子玩起了游戏。第一个游戏，抢卡片，由妈妈说拼音，让孩子和爸爸在一堆卡片中寻找，看谁先找到，先拿到手；第二个游戏，给拼音加表情，一家人展开想象，看看每个拼音都能画出怎样好玩的表情来；第三个游戏，用熟悉的歌曲"唱"拼音，看谁唱得多，孩子被爸爸跑调的歌声逗得哈哈大笑。

游戏结束之后，孩子说："妈妈，拼音游戏太好玩了，原来拼音里还藏着这么多我不知道的游戏啊！"妈妈趁势说："对呀，其实上课学的东西都挺好玩的。如果你认真听讲，没准儿还能发现其他新鲜好玩的游戏，妈妈等着你回来和我分享哦！"

孩子一下子对第二天课堂上要学的东西产生了期待。

我们都知道孩子最开始的学习就是玩中学、学中玩，有趣的内容会让孩子更愿意学习，在学习过程中发现的有趣的事物，也能增加孩子对课程的认知。

帮孩子发现课程中新鲜好玩的一面，需要注意以下两点：

第一，要在了解课程的基础上去发现新鲜好玩的东西。

帮助孩子发现课程中他没注意到的新鲜内容，一定要在了解他课程的基础上去进行，盲目地去给他寻找所谓的"新鲜感"是不行的，孩子反而可能会觉得很牵强。

首先要翻看孩子到底学了什么，了解他当天所学的内容，对他的课程内容仔细分析思考后从中发现新鲜感。这也就要求我们要具备足够的思考能力，要有一定的想象力。当然，如果我们自己找不到，也可以求助网络、老师或者是其他人。

第二点，避免孩子将注意力全部转移到"新鲜好玩"上。

这一点是非常重要的，我们也要把握住这样做的目的是什么。之所以要去寻求课程中的新鲜感，为的是调动孩子的兴趣，要让他对学习产生注意力，而不是为了让他专注于寻找哪儿好玩。

不管怎么寻找新鲜感、寻找好玩的东西，最终我们一定要把这样做的目的告诉孩子，提醒他注意"学习都会这样好玩，只要你专心致志，就会发现学习中的乐趣。但是学习不只是为了好玩，你的学习是为了你自己的成长，把学习变得好玩，只为了能让你学得更轻松自在"。我们的心态摆正了，能抓住学习的重点，明了学习的目的，就能避免孩子错误地将玩和学习画等号，让他不至于只顾着寻找新鲜感和好玩的东西，反而忽略了学习最重要的目的。

今天继续给妈妈当"小老师"吧

——孩子更专注、用心听课的"法宝"

　　教育孩子也是一个挖掘我们自身智慧的过程，孩子不能专心听课，总是因为各种事情走神，我们也不妨多思考一下，看看到底用怎样的方法来唤回他的注意力。

　　有一位妈妈是这样做的：

　　从老师那里得知儿子上课走神，妈妈思考了一晚上，想了一个办法。在和老师交流后的第二天放学之后，妈妈对儿子说："你也3年级了，也学了不少东西了，今天我们来玩个小游戏，你做老师，妈妈做学生，妈妈想再跟着你学一学小学的知识。"

　　儿子一开始以为妈妈会因为昨天和老师的交流而批评他，哪知道妈妈却要和他玩游戏，贪玩的心理让他同意了妈妈的提议。

　　但是因为这两天上课总是走神，所以儿子能讲出来的内容并

不多，他讲了没几句就没什么词儿可说了。妈妈却很认真地说："嗯，讲得挺好，要是再多一些就好了。这样吧，明天你好好听老师怎么讲的，然后回来再给妈妈讲好不好？"儿子欣然同意。

果然从第二天开始，儿子上课听得十二分的认真，还记了笔记，连老师留作业的过程都没落下，当天回来好好地给妈妈讲了一节课。妈妈不断地鼓励他，他也喜欢上了这个游戏，而他上课的状态也在一点点得到改善。

这是一个很有智慧的方法，让孩子去重复当天的课程，并且以游戏的方式，既让他感觉到了快乐，也让他在不知不觉中就对学习投入了足够的专注度。

当然，类似的方法还有很多，就看我们是不是能发掘自身的智慧了，在这个过程中，有几点注意事项需要我们好好思考一下：

第一，先了解，不批评。

事例中的妈妈是在和老师进行交流之后才确定采取这样的方法的，这就意味着她对孩子有了足够的了解。而且，即便是知道孩子出了问题，但妈妈并没有忙着批评他，而是换了个角度，让孩子放松下来，这才有了后续游戏的开展。

这也就给了我们一些提示，那就是不要忙着担忧孩子的问题，也不要一听到走神就先自己焦虑、急躁甚至愤怒起来，平静地去了解，不带着批评的心情而带着想要解决问题的想法去思考，我们也能拥有这样的智慧，能够为了帮孩子变得更好而开动脑筋。

第二，针对孩子的个人特点来灵活变通。

就拿做小老师这样的游戏活动来说，外向的孩子可能很容易就表现出来了，但内向的孩子也许并不习惯于站在他人面前去表达；性格平和的孩子也许会欣然接受，可暴躁的、自卑的孩子，也许反而会千般躲避。所以即便是一种很好的方法，也需要针对孩子的个人特点来进行灵活的变通。

比如，对于外向的孩子，我们不妨和他一起布置一个小课堂的模式，小黑板、小桌子、书本纸笔都准备好，然后让他就站在前面去讲课；但对于内向的孩子，我们可以和他换一种方式，和他坐在一起，用问答的形式，由我们充当提问的学生，让他来做回答问题的老师，减轻他与人面对面的局促感。

还比如，对于性格平和的孩子，允许他自己去安排课堂内容，允许他去模仿、去发挥；但对于性格暴躁的孩子，我们最好柔和一点，不去主动挑起他的脾气，顺从他想要表达的欲望，尊重他每一次的表现，对他多鼓励、多肯定；对于自卑的孩子，更是如此，只要他很好地说出当天讲课的内容，就肯定他的表现。

第三，专心投入，而非指手画脚。

和孩子玩"小老师"的游戏，我们也要投入其中，当我们认真地把自己当成学生时，孩子也会愿意跟随我们的脚步，去认真做老师。不要去管孩子哪里讲得不好，这其实也是锻炼孩子的自信心、表达能力的一个好机会。允许孩子出错，我们只要认真听就足够了。

当然，如果孩子真的讲错了，也不要当时提出来，最好等到这个游戏结束了，再和孩子一起总结，提醒他哪里有问题，和他一起思考、讨论，帮助他改正错误。

第四，不要忘记我们最初的目的。

为什么要玩这个游戏？无非就是提升孩子的专注力，让他上课不再走神。这才是这个游戏的最终极目的，我们并不是要把孩子培养成多么了不起的讲课者，所以不要本末倒置。

比如，有的妈妈会不断地提醒孩子"大点声""好好讲"，这其实就是关注点偏移了，你应该在意的是孩子有没有把当天课程的知识点表述出来，而不是他现在"讲课"的表现多么"不专业"。

孩子，老师也是普通人，很辛苦

——理解、尊敬老师自然用心专注

很多孩子都会因为某个理由而不喜欢某位老师，甚至是厌恶某位老师，为了表现他的厌恶感，孩子的很多做法是幼稚而又偏激的。比如，看见讨厌的老师来上课，选择睡觉、做其他科目作业来抵抗，故意做小动作或者表现得很出格来激怒老师，等等。孩子这样的表现，无非只是在表现自己的不满，可是到头来，吃亏的却还是自己，因为他占用的是自己上课的时间，是自己宝贵的听课过程，表面看他激怒了老师，可实际上他却因此错失了学习新知识的时机，自己的知识吸收过程出现了断层。

但显然，这种大道理我们这些成年人是可以理解的，而孩子却并不那么容易被说动。尤其是那些心里认定就是不喜欢某位老师的孩子，他们并不愿意接纳这种说法，所以我们才很容易就能在新闻中看到类似于"学生因为不喜欢某位老师而罢课"或者"学生不喜欢某老师而要求将其开除"这样的内容。

这是非常不明智的一种表现，既然孩子无法自己去改变对这件事的认知，那么作为妈妈的我们，就要为此付出努力。

首先，提醒孩子他是去上学学知识，而非和老师为仇作对。

这是很多孩子不能认清楚的一点，但他之所以这么做，其实也有些无奈。孩子对于自身喜欢或者讨厌的情绪表达会非常直接，而这种情绪也会很容易影响他的行为。孩子拥有比我们更丰富的情绪，这一点无可厚非。但与此同时，孩子的理性控制能力成长却是缓慢的，他的理性不能很好地操控自己的情绪，所以他才会因为情绪冲动就做出很多错事。

鉴于此，我们需要经常提醒他，他上学的目的是为了学习知识、提升自我，而不是去与老师为仇作对，不是去找老师的麻烦，他需要把大量的精力放在学习知识上。当他将注意力从针对老师转移到针对知识上时，也许就不会太在意老师怎么样了。

其次，让孩子意识到老师的辛苦，提升他的个人德行素养。

在孩子成长的过程中，学习是需要关心的，但个人德行才是更为重要的培养内容。那些总是对老师挑三拣四的孩子，多半都是德行有问题的，一个虚心求学的孩子，从内心就会明白，老师的工作是向学生传授知识，他自然不会因为口音、外貌等一些小问题就去厌恶老师。

我们需要在一开始就告诉孩子，老师这个职业是很辛苦的，为了让孩子们学好知识，他需要付出大量的时间精力，而尊重他人的辛勤劳动，是一个人的基本素养。做一个好孩子，要求之一，就是对他人要尊重。如果孩子希望自己未来也能成为受人尊敬的人，那么他从现在开始就首先要学会尊重他人。

再次，教孩子学会换位思考，模拟"做老师"游戏也可以拿来一用。

那些心安理得地享受他人付出的孩子，自然无法体会他人的辛苦。不能理解老师的辛苦，就有可能只去"专注"老师让他不喜欢的地方。前面提到了做小老师的游戏，这里不妨也借用这个游戏。

比如，当孩子讲课的时候，你也尝试着不认真听，四处看，或者做别的事情，然后当孩子表达不满的时候，就告诉他，老师面对同样的情境也会和他有一样的感受。这样的切身感受，会让孩子适当收敛他再上课时的言行。

要让孩子明白，老师也不过是普通人，也有喜怒哀乐，也有做不好的地方，也有让人不喜欢的表现。但老师却是为了让更多的人学到知识而努力工作的，所以孩子只需要接纳老师工作的那部分，对老师的工作表现出尊重。

最后，告诉孩子理解老师对于他自身的意义。

孩子不能理解老师，只是他情绪化的一种表现，而我们觉得他这样做不对，其实是因为我们知道老师对于他的意义，那么我们就要将这个意义告诉给孩子，以简单明了的表达让孩子明白他为什么要理解老师。

孩子自己学习和在妈妈的辅导下学习与老师的教授效果是不一样的。

孩子自己学习的时候，理解能力有限、思考范围狭窄，很多知识也就只能学个皮毛；而大部分的妈妈都不是老师，孩子学的知识对于妈妈来说，要么是已经很久远的内容了，要么是已经有了新的内容加入，妈妈并不熟悉，可以辅导的范围与深度也是有限的，并不能给孩子更多的帮助。

而老师则不同，老师熟知教学大纲，已经教过很多遍，他知道怎样去启发孩子，知道什么内容对孩子才是最有用的，也知道怎样讲解可以让孩子更好地理解书中的重点与难点。认真听老师讲课，是孩子吸收课本知识最便捷的途径。

我们要把这一点给孩子讲透彻，让孩子能从自己有效学习知识的角度去思考，而不只是专注于去想老师有什么问题。

第三章
提升孩子上课的动机意识
——明白为谁学，孩子上课会更专注

有的孩子对于上学、上课会有一种错误的认知，他觉得自己是为了让妈妈开心、让老师表扬才这样做的。当孩子不能明了自己为谁而学、不确定上课的动机意识时，自然也就不能集中注意力。所以，培养孩子良好的学习动机，有助于他更为专注地应对上课、上学。

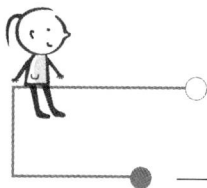

孩子，你在为自己读书

——读自己的书，立自己的志，成自己的事

读书为了什么？又为了谁？这是每个孩子在开始上学之前或者进入学校之后都需要考虑的问题。然而很多孩子对于这样的问题却是感觉迷茫的，有的孩子认为"妈妈让我去上学，我就去了"，有的孩子觉得"大家都去上学了，所以我也要去"，还有的孩子则说"妈妈说不上学没出息"……不管怎样的表达，孩子们对于上学读书的认识，似乎都停留在他人的意愿上，是一种被动的行为，目的就只是为了讨好妈妈和老师。

当孩子不知道自己到底为什么而读书、到底在为谁而读书时，他的内心就将是一片迷茫，这种迷茫会让他只跟随自己的感觉来做事。如果他对课程内容感兴趣，就会认真听一听，然而这种"兴趣"却是暂时的，很快他就会因为坐得时间太长、学习规矩太多、老师比较严厉等各种原因而导致兴趣逐渐减少。没了兴趣，又不知道为什么要上学读书，走神也就在所难免了。

对读书有兴趣，可能并不能算是最有效的帮助孩子专注于课堂的方式，因为兴趣受到很多因素的影响，一旦兴趣不足甚至丧失，都可能让孩子不再愿意认真听课。但是一旦孩子有了读书的目的，知道自己为什么而读书上学，知道读书上学对于自己将会产生怎样巨大的意义，那么孩子就会因为一个坚定的志向与信念而变得认真起来，这样读书上学对于他来说就是一件必须好好做的事情，而非没有兴趣就可以抛弃的无所谓的事物了。

所以，怎样帮孩子正确认识读书的目的和意义，如何让他能有一个远大的读书志向，让他能主动地专心去做自己应该做且必须做的事情，这正是我们需要认真思考的。

首先，孩子需要明白读书对他的重要性，我们要为他做好诠释。

关于读书学习，孩子最初的目的非常简单，就是能够自己去把故事念出来，就像妈妈那样，一字一句地读出来，这在他看来是一件很了不起的事情。我们不妨借助一下这个最单纯的目的，为孩子诠释为什么要读书，告诉他读书对于他有多重要。

这个过程中最好不要讲大道理，告诉孩子"如果好好读书，你会认识更多的字，看到更多的书，以后没准儿就是你来给妈妈讲故事了，妈妈真是很期待"，显然要比"你要好好读书上学啊，这对你太重要了，以后你有没有出息全看现在了"管用得多。因为前者是孩子能看得到的行为，他会有所联想并有实现的可能，而后者则是一种妈妈的无上期待，孩子即便答应也只是因为"那是妈妈说的话"而已。

其次，读书立志是孩子自己的事，引导远好过强制。

在帮助孩子树立好好读书的志向的过程中，如果这个志向的来源是妈妈，那么孩子的思维就会只跟着妈妈走，妈妈让干什么就干什么，缺少思考的主动性。而且孩子会认为这是妈妈的要求或命令，执行起来的时候也会有一种"是妈妈让我做的"感觉，并没有想要主动将这个志向好好实现的意愿。

比如，有的妈妈会提醒孩子"你得立志好好读书学习，这样你以后才能如何如何，否则你就不能如何如何"，不仅如此，类似这样的话还会被反复提及，尤其是在孩子学习出现问题的时候，有的妈妈更会苦口婆心地去劝说。孩子被强制着立下一个关于读书学习的志向，不情不愿，自然也就不会自我激励。

所以换一种表达，引导孩子去为自己思考，比如用我们自己读书的经历来提醒他，让他亲身感受一下好好读书学习带给他的影响，让他意识到，读书这件事就是他自己的事情，不管别人怎样，不管读得好还是不好，这个经过与结果都只有他自己能体会得到，而且只有自己积极努力、认真思考，才会让自己从中受益。

最后，不要混淆了"读书志向"与"人生志向"。

有的妈妈认为，读书立大志，就是要"立志好好读书""出好成绩""考高分"等，所以会反复对孩子强调读书的重要性。而当孩子说"妈妈，我将来要成为画家"的时候，妈妈就会觉得孩子有了"不务正业"的想法，认为他不想好好读书了。

这其实就是一种错误的理解，妈妈将"读书"二字看得太过狭隘了，好好学习是孩子奋斗的过程，之所以要好好读书，就是为了要在将来能成为一个有才干的人、有一个好前程。这个志向，并不是字面上的"好好读书"，而是要孩子能专心地为自己将来要实现的人生目标而奋斗。

所以，我们也要将眼光放得长远一点，不要错误地认为孩子的人生志向与读书志向是冲突的，恰恰相反，孩子当下好好读书，就是在为他未来那个人生目标而努力。

你丢掉的时间永远找不回来了

——提醒孩子，惜时专注是成功的关键

孩子对于时间的感受，与成年人对时间的感受是明显不同的。我们可能总在感叹"时间过得太快了"，可是孩子却不然，他们还有漫长的人生之路要走，还有大把的时间可以任由他们支配，所以他们会经常说"我什么时候长大啊""等我长大了……"，他们感觉时间对于自己来说太慢了、太多了，所以就会在不知不觉中肆意浪费。

因为对时间没有概念，所以孩子并不觉得走神浪费时间是多么不对的事情，他可能还会认为"这次没听仔细，无所谓，下次再好好听就可以了"。但实际上，时间不等人，错过的时间、丢掉的时间，永远都找不回来。

有位妈妈是这样做的：

吃饭的时候，孩子并不专心，总是玩一会儿吃一会儿，妈妈提醒几句，孩子却不在意。于是，妈妈不再说话，而是认真吃自

己的饭，等到自己吃完了，便开始收拾餐具。

孩子忍不住说："妈妈，我没吃完。"

妈妈说："我知道。我们都在同一时间吃饭，我抓紧了时间，把饭吃完了；你不在意，浪费时间，吃不完，这是你自己的问题。你已经错过了能好好专心吃饭的时间，这段时间不可能补回来，所以你只能是吃不好，或者最终吃不饱，因为我要收拾餐具了。"

孩子很委屈，妈妈并没有理会他，只是提醒他："每件事都有自己的运行时间，吃饭是这样，学习也是这样，你错过了就是错过了，如果下次不抓住，你将错过更多。"

原来妈妈从老师那里得知了孩子有做事不专心的毛病，尤其是上课很容易走神，所以便想了这个办法，让孩子自己体会"错过的时间不可能找回"的感受。

这是一位有智慧的妈妈，将惜时教育放进日常生活中，利用平常的小事来让孩子意识到惜时的重要性。我们也可以开动脑筋，寻找更适合自己孩子特点的方法：

第一，告诉孩子，时间只会做单程旅行。

为什么惜时才会成功，关于这个问题，孩子不一定能接纳大道理的解释，我们不如从时间流逝这方面来给他讲一讲。比如，用"白驹过隙"这个成语，来给他讲解时间的流逝；用长大了就不可能再变小来让他意识到时间是不可能回溯的。

要让孩子知道，时间只能是单程旅行，不会有返回去重新来过的可能，这也许需要我们多开动脑筋，寻找更合适的说辞，讲故事也好、用浅显易懂的道理也罢，又或者引导孩子去亲身体验，无论采取何种方法，我们的目的是要让孩子真正认识到，宝贵的时间是不可能返回来重过的。

第二，给孩子机会体验自然后果。

了解到孩子走神，很多妈妈会非常着急，然后想尽一切办法来为孩子补上他错过的那些内容。次数多了，孩子对于走神会变得不再在意，因为不管他怎么做，妈妈都会帮他兜底，都能为他解决问题，久而久之，这个问题将变成顽疾。

所以我们也要控制好自己的急切心情，选一个合适的时机，让孩子自己去体验走神所带来的自然后果。比如他因为走神错过了老师所讲的知识内容，如果他来求助，不要比他还急躁地去找老师、找其他人来帮忙，而是提醒他"这是因为你自己走神导致的问题，所以后果只能你自己来承担"。这种自然后果的体验越早越好，孩子会尽早体会到，如果不认真听课，那么他将错过很多东西。

当然还有一种更好的方法，那就是我们也不是不给他帮忙，但是帮忙的过程也是有智慧的，比如下面这位妈妈的做法：

上课走神的孩子错过了老师课堂上讲的重要内容，妈妈从老师那里了解情况之后，并没有急着给他补课。到了周末，原本全家预定当天去郊游，但是妈妈却很平静地通知孩子："今天我联系了老师，她会利用休息时间给你补上你因为走神而错过的内容。"孩子失望极了，也想着要反抗，但妈妈说："如果你总是走神不注意听课，那么你将会在以后更多次地错过原本可以快乐度过的时光，这些时间将被用来去弥补你错过的时间。"有了这么一次经历，孩子牢牢地记住，以后再也不漫不经心地走神了。

第三，肯定孩子认真专注的表现。

如果总是从反向激励的角度去刺激孩子，时间久了，孩子可能会觉得自己总是失败的。一旦遇到他又认真专注的表现时，就要多加肯定，让他体会那种因为专注而有所收获的快乐感觉。这种收获，不仅是能收获到妈妈的肯定，更重要的是，认真专注的时候，孩子学得了那段时间里所有的课程内容，这些知识进入了他的头脑之中，经过了他自己的思考，已经变成了自己的财富。

所以，我们可以借着这样的机会，去肯定孩子认真专注的表现，多给他一些自信心，多给他一些鼓励，相信孩子可以由此意识到这是正确的表现，并且更愿意主动去表现自己的认真专注。

孩子，任何一个走神都有可能错过精彩瞬间

——培养孩子专注上课的意识

时间的流逝无声无息。孩子可能觉得自己只不过是在一节课中有几句话没有听见而已，如果他不能认识到自己所错过的东西对于他来说有着怎样的意义，那么他可能永远都不能正视自己对时间的忽略。

走神的孩子专注的内容是他头脑中那飘远的神思，但他却不知道现实中自己到底错过了什么。站在旁观者的角度来看，我们明白孩子在课堂上走神，就会错过很重要的内容，但是只凭我们讲，孩子不一定能有这样的认知。也就是说，只有培养孩子自己具备专注上课的意识，让他自己能主动产生想要专注的心思，他才能理解为什么上课不能走神。

那么，我们可以怎么做呢？

第一，可以吊一吊孩子的"胃口"。

走神的孩子可能只是知道，"我走神了，没听见老师讲了什么"，但这

样的描述太平淡了，我们完全可以用一些更能"吊胃口"的表述，让孩子自己对错过的东西心生遗憾。

比如，可以试着这样来表达，"老师有几句话，大家都知道，但唯独你不知道，真是太可惜了啊"，"别的同学都听见了，但是你没有啊，你难道不好奇吗？"这样的表述会让孩子开始疑惑，自己是不是真的错过了什么东西，他会想要了解，想要避免这种情况再次发生。那么不管他是去弥补自己错过的内容，还是争取做到下次再也不错过，总归都会让事态向好的方向发展。

当然我们也要注意的是，不能吊得太过了，如果总是提醒孩子"别人都知道了，就你不知道"，久而久之他也会觉得厌烦，没准儿反而觉得无所谓了。另外，还要注意结合孩子的性格特点去表达。

第二，让孩子意识到他到底错过了什么。

正是因为不知道错过的内容有多精彩、多珍贵，所以孩子才会不那么在意。但是一旦孩子意识到自己错过的内容，他就会开始上心了。

举个简单的例子，孩子在看他喜欢的动画片，如果中途他因为上厕所或者做了其他事情而耽误了几分钟，导致剧情连不上了，孩子多半都会觉得很不舒服，他会想要知道自己到底错过了什么，想要把剧情联系起来。

同样道理，我们也要让孩子意识到他在课堂上走神所错过的内容有多么精彩。我们需要先了解孩子每天的课程内容，看看他都要学什么，通过与他的交流，了解他所学的程度。而在这个过程中，我们多半都能发现他在哪里没有认真听，因为那些走神的瞬间，会让他对知识的了解和吸收也出现漏洞。我们则可以针对这些地方来进行一些更为细致的描述，吸引他的注意力，让他感受到错过的内容有多精彩。最后不要忘记提醒他："老师讲的要比妈妈讲的更精彩，所以下次你若想要听到这样的精彩内容，就不要走神了哦！"

第三，提醒孩子不管哪门课走神都会错过精彩内容。

也许是学校课程安排的原因，也许是我们总是给孩子强调的原因，孩子会觉得有一些课程并不重要，走神也无所谓。

然而，知识内容都是彼此相通的，数学课老师也可能说出很有道理的语文格言来，语文课老师同样会把数学中的一些内容讲清楚，老师们自然是比孩子有更为清晰严谨的逻辑思维，他们可以在知识内容之间建立起联系的桥梁，教孩子把知识融会贯通，说不准哪一句话就会成为解答另一门课程问题的钥匙。

所以，不管上哪一门课，孩子都不应该走神，而且每一门课都有自己的精彩，不去认真听是难以发现的。

希望你能成为一个严谨的人

——越专注，学习越有成效，良性循环

认真听一节课，对绝大多数孩子都没问题，但要养成认真专注的好习惯，对于很多孩子来说都有些困难。

从生理角度来说，上小学的孩子保持注意力的时间其实都不算长，曾经有专家进行数据统计：

5～6岁的儿童，能坚持10～15分钟；

7～10岁的儿童，可以坚持15～20分钟；

10～12岁的儿童，能坚持25～30分钟。

12岁以上，也就是约莫在小学毕业的时候，孩子的注意力才能逐渐延长到30分钟以上。

面对这样的结果，我们可以了解到孩子注意力的集中程度是随着年龄增长而有提高的可能的，但是此时并不能放松。

因为这并不意味着我们可以放任孩子在课堂上走神，好习惯是需要一点点养成的，我们不妨让孩子感受一个良性循环，让他意识到始终专注对于自己都有怎样的好处。而这个良性循环，就是孩子认真听课，学习成效就高，看到了成功的结果，就更乐意去扩大这个成果，从而保持认真听课的好习惯。

要实现这一点，可以从以下几点来入手：

首先，和孩子一起体验专注带来的效果。

专注到底能学成什么样子，到底对孩子会带来怎样的影响？我们可以和孩子一起感受体验一下。比如，找一个时间，和孩子一起看一本书，一起欣赏一部短片，一起做一件事……在这一段时间里两个人都专心致志地去发现书中、影片中、事情中的种种细节，感受认真专心所带来的收获。

重点是在专注一段时间之后，我们可以和孩子一起讨论刚才所看、所做的内容，让孩子回忆细节内容，讲述观后感，讲述做事时的想法，让他体验这种由自己专注做事带来的成就感。

其次，提醒孩子专注不是做给别人看的。

专注与学习是息息相关的，有的孩子认为，妈妈要求专注，老师要求专注，就只是想让他听话而已，所以他可能会表面上表现出专注来，但却并不是为了自己的学习，而只是不想让妈妈或老师生气而已。

孩子需要明白上课认真专注，是与他自己的学习有关的，这一点我们需要和孩子讲明白。

比如有一位妈妈是这样对孩子说的：

> 你学得专不专心，对老师没有影响，老师该怎么讲课还怎么讲课。同样的，对妈妈也没有影响，妈妈该做什么还是做什么。不专心的话，影响的只是你自己，你会听不到老师讲的内容，不知道大家都学了什么。被排斥在外，可不会有多舒服啊，你说呢？

只要能扭转孩子的想法，他多半也就能理解为什么需要专注应对学习了。

再次，肯定孩子因为专注而得到的成果。

虽然走神是注意力不集中的孩子的常态，但有时候，遇到他感兴趣的课程，遇到有技巧的老师，他也会出人意料地认真听完一节课。

那么，当孩子兴高采烈地和我们分享他满满一节课的收获时，我们应该表现出肯定的态度，肯定孩子能够认真听课的表现，肯定他对课程内容的牢固记忆，也提醒他这种投入学习的快乐。

得到肯定的孩子会愿意为了被肯定的行为而努力，我们也好趁此机会鼓励他继续认真下去。一次两次，当孩子发现专注听课不仅可以学到更多知识还能获得妈妈的肯定后，他也会表现得更好。

最后，帮孩子成为一个严谨的人。

专注于学习可以形成良性循环，事实上，专注对于所有事情的成功都能形成良性循环。专注并不只是在学习上能发挥作用，对于一个人来说，拥有专注的好品质，不管做什么事都能成功。所以，我们一边培养孩子在学习上保持专注的态度，一边还可以鼓励他把专注的品质发扬到所有事情上去。比如做家务，也可以鼓励孩子认真仔细；做游戏，也同样能让孩子感受专注所带来的快乐。

孩子，妈妈教你如何分清轻重缓急

——课堂上，只有学习才是最重要的

走进课堂，打开书本，开始听老师讲课，这时孩子就应该进入一种听课的氛围之中，在这一节课的时间里，只有认真听课、好好学习才是最重要的事情，其他事情都要先暂时放在一边。

不过孩子有时候会做不到这一点，老师在上面讲课，他却可能会因为很多事情使注意力分散。比如，有的孩子会考虑学校里即将举行的活动，有的孩子会想起课前和同学发生的矛盾，有的孩子会在意自己昨天新买的笔是不是好用，还有的孩子可能在想上节课老师批评自己太委屈……

人在课堂坐，心思却四处飘，好不容易想起来自己在听课，打起精神来听两分钟，但很快又想起什么，然后思绪就又飘远了。尤其是有些孩子心思重，对某些事情总也不能释怀，便总也没法让自己真正进入学习这个正题，满脑子都是其他的事情。

一心二用很难，尤其是孩子，他们更需要专心去应对每一件事。成为学生之后，学习成为他的头等大事，一旦进入课堂，其他事情就应该暂时先放下，也就是说在课堂上，只有学习才是最重要的。

这就需要我们教孩子去区分轻重缓急了，不妨尝试这样做一下：

第一，给孩子讲讲他现在最重要的事情是什么。

进入小学之后，孩子接触的人变多了，经历的事也变多了，人际交往、班级事务、课外活动，都会成为他整个学生生涯必然要经历的内容。但是学校里最重要的任务是学习，而不是其他的事，如果孩子不能分清这个轻重缓急，他就有可能本末倒置，将更多时间放在学习以外的事情上，导致学习被搁置一旁。

所以，要给孩子讲清楚当下他最重要的事情是什么，作为学生，学习是主业，其他事情是副业，先搞好学习，有空儿再去做其他事情。学校提供了学习的场所、学习的工具和帮助他学习的老师，要好好利用起来，而不能将这个大好的机会白白浪费掉。

第二，教孩子一些小妙招来保证自己专注于学习。

可以教给孩子一些简单易行的方法，帮助他建立专注学习的意识。

比如，有一位妈妈提醒孩子：

脑子里有很多事，这没什么，但我们可以给自己下一个命令，那就是"进门放弃"，只要走进教室门，就先把学习以外的所有事都丢开，提醒自己不要再想别的，就认真去抓住老师的每一句话。

这其实是一种自我约束的做法，教室门被设定为一个开关，孩子就像玩游戏一样，进门就是关上乱想的开关，把所有胡思乱想都关起来。

还比如，也可以教孩子把自己头脑中的事情列出来，把他烦恼的、担心的、不愉快的事情写在纸上，用一种书写的方式将那些干扰项从头脑中放到纸张上，对于有些孩子来说，这能暂缓这些事对头脑的过多占据。

第三，提醒孩子课堂上他要"多为自己着想"。

孩子的课堂时间是属于自己的时间，既然如此，在这段时间里，他就应该"多为自己着想"。提醒孩子在课堂之上，是不是把老师所有的话都听进去了，有没有记录下老师提到的重点要点，笔记是不是跟着老师思路走了，有些不理解的问题上有没有记录下来等着向老师请教。

一堂课时间其实并不长，孩子只需要专注于掌握知识就好了，其他的事情完全可以等到下课、放学之后再去处理。

第四章

引导孩子专注于课堂内容

——必须解决走神背后的问题

对于孩子上课走神这件事，很多妈妈总是教训孩子，告诉他"你这样不对，你一定要改过来，要认真听讲"。但显然这样的教育方式是强迫孩子改正，但走神背后的问题并没有被解决。要想引导孩子专注课堂内容，就要从根源上去引导孩子主动消除引起走神的种种因素。

妈妈，我就是很紧张啊

——帮助孩子缓解生活、学习中的各种压力

孩子也会有各种压力，不管是生活上还是学习上，他都可能遇到各种问题，并因为这些问题而产生压力。因为孩子对压力的处理能力远没有那么强，所以他会胡思乱想，也就不能集中精力去应对学习，不能保证专心听讲。

比如，即将要进行一场大考，不管多么不愿意，孩子必须经历与他人之间的"竞争"，虽然很多学校可能不再排名次，但是孩子们之间谁考得好、谁考得不好还是都能比较出来的。有些自尊心强的孩子，对自己考得好与不好看得非常重；有些本来就喜欢争强好胜的孩子，更是生怕自己落于人后；还有一些孩子，则害怕自己考不好会受到老师或妈妈的责怪。

虽然原因不同，但都足以让孩子产生压力，压力会让他变得紧张起来，紧张的情绪又会让他的头脑中不自觉地只想着那个导致他紧张的源头。如此一来，孩子会不自觉地开始胡思乱想，有的孩子甚至开始设想自己考好了是个什么情况、考不好又将会如何。

带着这么多的心思，孩子又怎么可能好好听课呢？就算是为了让他保持一个平静的好心态，我们也要帮孩子缓解他生活与学习中的各种压力。

第一，理解孩子的感受并给予合适的引导。

孩子感觉有压力，这是再正常不过的事情，此时他很需要获得家人的理解。但是很多妈妈却会说"有什么好紧张的？"或者是"这也值得紧张？"再不就是非常直接的"别紧张"。类似这样的表述反而会让孩子变得更加紧张，因为他的"紧张感受"被否定了，得不到支持，这会给他带来恐慌。

正确的做法是，理解他的感受，比如可以说"一紧张浑身都觉得不舒服吧，妈妈也这样的"，这种表达会让孩子意识到"妈妈和我是在一起的"。这种想法多少会让他觉得自己不那么孤立无援，他会慢慢放松下来，并主动将使自己觉得紧张的事情说出来，当我们得知他紧张的原因之后，就能顺势进行引导了。

第二，理智避开孩子的压力重灾区。

孩子原本就深陷压力之中，他此时需要的是理解，并想要获得放松，我们就不要再"主动"去靠近甚至深入他的压力重灾区了，否则不仅惹来孩子的反感，他的压力来源还会变得更复杂。

一个上六年级的小学生就曾经在日记里抱怨：

马上要上初中了，我也知道紧张。期中考试之前，我都要紧张死了，结果妈妈比我还紧张，她没完没了地说："你可要好好考好好学啊，这以后上了初中就更紧张，你可得重视起来啊！"她还总是因为我表现不好就唉声叹气，又同时给我出各种我并不喜欢的主意。我现在特别讨厌她和我说学习，一说到考试她就总是给我制造紧张空气，真是烦死了！我现在不仅要紧张考试，还要紧张她的情绪，每天还得想怎么安慰她，我多希望能得到她的安慰啊！

处在紧张情绪中的孩子，都并不喜欢妈妈过多地继续施压，本来孩子就够紧张了，妈妈应该体谅，最好能与平时没什么两样，不去过多关注他感到紧张的事情，除非他自己表达，否则不多问、不多讨论，这样一来孩子也许反而会觉得更舒服一点。

第三，为孩子提供一些缓解压力的小方法。

压力大的时候真的是什么都做不下去，我们可以教孩子一些小方法，让他能把压力借助其他方式释放出去一些，虽然不能保证完全释放，但多少会让孩子内心感到轻松一些。

比如：提醒孩子，暂时放下手头的事，尽情玩一会儿，转移注意力的同时，也让身心不再那么紧绷；和孩子一起做运动，让他一边消耗精力一边释放压力；给孩子软软的抱枕，为他开辟一个角落，允许他喊叫捶打一番；等等。

不过，不管是哪一种方法，都要注意孩子的安全。而且，我们的关心也一定要跟上，告诉孩子"妈妈知道你压力很大，不过妈妈会一直站在你身边支持你"，让孩子不必自己背着沉重的压力去面对各种事。

第四，引导孩子正确看待人生中的大事小情。

一遇到稍有困难的事情，孩子就会产生压力，这从另一个侧面来讲，也意味着孩子的抗压能力有待提升。我们需要帮孩子正视这个问题，让他逐渐看开发生在他身上的每一件事。

孩子应该知道，未来他还将遇到更多的事情，他的经验会越来越丰富，能力也将越来越强，他是在不断成长的，任何事情都只是在增加他的人生阅历，哪怕是失败，也只是他人生中必须经历的。而且，每个人都会如此，不会有任何人是例外。

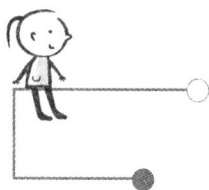

哎呀，还真是没注意这个小地方

——引导孩子重视细节，远离粗心大意

其实应对孩子的走神，有一个方法可以说是简单有效，虽然不能说完全解决问题，也不能说所有孩子都能因此有所改变，但对于很多孩子来说，真的会比较有效果。

这个简单的方法，就是引导孩子重视细节、关注细节。

一般来说，走神的孩子对一节课可能都会了解一个大概，毕竟大多数孩子的走神只是在一节课中的某几个时间点，所以他基本上会知道这节课主要是讲什么，再结合老师的板书或教学课件以及同学之间的讨论，他可以大致串联起一节课的内容。有的孩子因此就会觉得在学习没什么问题，也就并不觉得上课走神有什么大问题。

然而，老师在讲课过程中总会穿插很多细节，也许是老师不经意间讲出来的，但是这些细节却可能是考试的重点，也可能是知识点的关键，还可能是一个能解决日后某些问题的要点。孩子如果只觉得自己听个大概就算听完课了，忽视了这些细节，那对于他的日后学习来说就是一个巨大的损失，毕竟知识内容都是有联系的，这次错过了一个小细节，也许就会导致日后学习出现大漏洞。

更重要的是，孩子若是长久忽略细节，会养成粗心大意的毛病，这就不仅是影响他的学业了，这个毛病对他日后做任何事都会带来负面影响。

所以，别看是小细节，如果能引导孩子静下心来去关注这些小细节，也能让他慢慢变得全神贯注起来，从而摆脱上课走神的问题。

第一，用找细节的方式引导孩子学会主动听课。

孩子对课堂的感觉可能是"老师讲，我们听"，是一种被动式的接纳过程。这种被动接纳的听课方式，势必会让孩子很容易疲惫或者感觉无聊。那么我们不妨引导孩子用一种"找细节"的方式去主动听课。

这就像一个游戏，我们需要提前告诉孩子，一节课下来，怎样的内容算是"细节"。事实上，很多细节是从老师口中说出来的，比如，"我强调一下"之后的内容，他重复几遍的地方，他所说的"这个以后会用到"，"我希望大家能记下来"，等等。这些其实都是提示性的语言，关注这样的语言内容，就能抓住关键性的细节。

可以先让孩子尝试几次，待他形成了习惯，自然也就能注意到一节课到底应该怎么听了。不过也要提防孩子为了找细节而忽略课程主要内容的情况，我们不妨这样来提醒孩子："老师说不准会在什么时候给出这些小提示，所以你只有认真去听一整节课，才可能找得到所有的闪光小提示，我相信你一定能抓住这些小细节。"

第二，把孩子以前没注意到的细节与他已经出现的问题联系起来。

正是因为孩子有了问题，我们才意识到了他粗心大意，那么我们就不妨利用这之间的关联，让他自己产生想要主动关注细节的意识。

有位妈妈是这样做的：

她把孩子考试卷上粗心的问题都画出来，并把它们与课本中相对应的地方做了一个表格来比对，然后和孩子一起翻看，让孩子意识到自己因为粗心没有关注课堂上老师讲到的细节而白丢了这么多分数有多可惜。她自始至终没有采取批评的模式，而是提醒孩子，他可以做得更好。孩子也终于意识到了自己这个问题，决心要改正它。

这样的方法有助于让孩子产生主动关注细节的意识，让他从过去的问题中去总结思考，从而促使他在未来的学习过程中，会有主动地想要将所有知识点都学进去的冲动。

第三，培养孩子细心认真的好习惯。

孩子粗心错过老师讲课的细节，或者粗心忽略一些细小却重要的内容，这些都是他已经养成了粗心大意的坏习惯，那么我们也要着手培养孩子细心认真的好习惯。

平时最好多在孩子内心建立"细心最好"的感受，肯定他每一次对细节的关注，尤其是学习上的细心表现，多给他一些细心的心理暗示，加深他对"关注细节"这个习惯的好感。我们也不妨多利用一些"小细活儿"来锻炼孩子，比如让孩子玩一玩"找不同""串珠子""走迷宫"等小游戏，和孩子一起下棋，给他分配诸如择菜、剥豆子、清理梳子等小物件这样的家务活。孩子通过不断的练习，对细节的关注度会逐步地提高。

我感觉学习进度越慢，越容易走神

——不要让学习进度慢拖了孩子注意力的后腿

学习进度慢也是导致孩子上课走神的一个重要原因。

有的孩子学习进度慢，可能是被其他事情所吸引，导致他没法跟上课程内容；有的孩子学习进度慢，则可能是他的理解能力有限，没法尽快理解和吸收知识；还有的孩子学习进度慢，则是因为故意捣乱，就是故意拖着不完成。

单就学习上来讲，有的孩子学习进度慢，涉及的范围比较广，是因为前面几节课的内容并没有学完全或者作业没有完成，所以不得不延后继续，但是后面显然又会有更多新的内容等待吸收，前面的内容与后面的内容都堆积在一起，孩子的学习就变得"拥挤不堪"而又抓不住重点了。这样的话，孩子一方面是因为无法跟上进度而导致走神，另一方面则是因为要学习的东西太多、脑子太乱，自然也就没法集中精力了。而有的孩子学习进度慢，情况没那么严重，可能是某堂课上，老师前面讲了什么，他没有用心听，结果后面再听的时候，就和前面的内容联系不上，也就是开头没好好听，后面也就听不懂了。

来看下面这个场景：

妈妈从老师那里了解到，孩子最近上课有时会走神，老师提问的时候，他时有答不上来的情况。

妈妈找了个时间问孩子："上课的时候，你在看什么呢？"

"课本。"孩子很肯定地说，"我的确是在看课本，真的没有想别的事情。"

妈妈疑惑了："那怎么还走神呢？"

孩子不好意思地说："我在看前面的内容。总是记不住前面讲了什么，但后面的新内容和前面的又有关系，所以我得返回去重新看。然后，就没听见老师后来说的了。老师上次喊我回答问题，我都不知道她说的是第几页。"

妈妈叹口气，问道："是前面没听懂吗？"

"也不全是。"孩子诚实地承认，"我是觉得前面内容简单，没在意，认为攒到一块儿学也能听懂。没想到老师进度那么快，结果我全都听不懂了。"

这个孩子的情况并不是个例，小学初期的学习内容，很多孩子可能都会觉得很容易，认为自己听一遍就会，觉得自己即便一节课没好好听也不会被落下太多。学习上一旦开始进度落后，那就不存在什么侥幸，孩子总会因为自己的一时偷懒而在日后吃大亏。

所以我们也要关注孩子是否有学习进度慢的问题，越是学习进度慢，越容易走神，只有帮助孩子纠正了学习进度慢的问题，他才能更好地集中注意力。

我们可以分两步来做：

第一步，针对孩子学习进度慢的具体原因来具体行动。

学习上学习进度慢，对孩子来说是很严重的问题，我们需要针对具体原因来帮助他摆脱这个问题。比如，如果孩子是因为没听懂课程而学习进度慢，那就帮助他尽快理解所学内容，让他能跟上进度；如果他是因为其他事物影响，那就尽可能减少他周遭非学习物品的存在；如果他是故意的，那就和他好好地去沟通，了解他内心所想，了解他真正想要的是什么，解决心结，他自然也就能轻松应对学习，不再"费力"走神了。

具体原因要具体对待，但这个原因需要我们和孩子进行沟通交流之后再确定，不要自以为孩子是"没学会"或"故意捣乱"，一定要确定了原因再行动。

第二步，重点去应对孩子因为学习进度慢而落下的课程。

不管是什么原因导致的学习进度慢，孩子都会因此而所学不精，不能做到"及时更新"。如果不能帮助孩子尽快赶上学习进度，那么他日后的学习任务将越来越繁重，日积月累，他会被落下得更多。

要解决这个问题，我们不要心急，首先要确认最初是从哪里开始落下的，然后合理安排时间，帮助孩子在不放弃当下课程的前提下，将旧的课程一点点补起来。这可能需要一些时间，也需要我们有耐心，同时也不要过分担心孩子，专心应对问题，少去评价他的表现，让他也能专心去学习，弥补缺漏。

谢谢妈妈帮我布置书桌和房间，我很喜欢

——创造一个利于专注的环境

走神并不是只有在上课时才突然出现的，实际上这个坏习惯的养成也是需要时间的。而且，走神一旦形成习惯，不仅仅是上课的时候会表现出来，孩子在做其他事情的时候也同样会走神，或者说不管做什么事情，他都可能会出差错。比如，走路的时候孩子都可能会走神，不留神看车或者不留神看人，这对于他的生命安全来说都是很危险的。

那么要帮助孩子解决走神的问题，我们也就不仅仅是从他上课的时候入手了，在生活中就给他创造一个有利于培养专注力的环境，让他在这样的环境熏陶之下，逐渐纠正注意力分散、爱走神的坏习惯，并养成专注应对所有事情的好习惯。

那么我们应该给孩子布置一个怎样的环境呢？

首先，这个环境应该是相对独立的。

很多家庭中都会给孩子准备一间单独的房间，但是这却并不意味着孩子会有一个独立的环境，因为有的妈妈会把孩子的房间也当成公共空间的一部分，想进就进，想干什么就干什么，孩子在其中没有独立性可言，同时也会经常受到妈妈进进出出的影响。

比如，回忆一下我们小时候，可能很多人就经历过这样的场景，自己在屋子里专心做事，忽然门就被推开了，妈妈有时候是拿东西，有时候是问问题，还有时候是来表示关心，但是对于我们来讲却总是会被吓一大跳。原本正在做的事情被打断，其实我们内心也是不舒服的。

对于这样的情况，有的孩子很厌烦，会语气不好地希望妈妈不要进来，结果妈妈可能还会认为自己受了委屈，认为自己的好心没有得到接纳。

现在我们已经有了自己的孩子，对于自己小时候这样的经历，就要好好思考一番了。如果我们小时候对妈妈突然闯入感觉不满，那么现在的孩子也同样会有这样的不满出现。

所以我们要给孩子一个相对独立的环境，只要被划定为是他的自由支配范围，那我们就不要擅自闯入，要养成敲门的好习惯，也要养成经常询问获取许可的好习惯。同时，如果不是特别重要的事情，不要总是去打扰孩子，有事也可以等一等，等孩子学习结束，再去和他商量讨论也不迟。

其次，对孩子的房间做好分区。

有的孩子的房间功能是混乱的，他可能会在书桌上写作业，但也可能会趴到床上去，还有可能就坐在地上，总之没准儿会去什么地方写作业。同时玩具也堆得到处都是，如果要用书桌，孩子往往都是把东西随便一推开，留出一个空地就开始做功课了。这种混乱的状态之下，孩子很容易就被其他事物吸引，没法集中精力。

所以我们从一开始就要帮孩子给自己的房间做好分区，尤其是书桌、书架所在地，也就是学习的区域，一定要创造一个有利于孩子学习的氛围。书籍、纸笔等各种物品要一应俱全，且都要摆放在这里，并给孩子规定好，学习区只能学习，尽量不要在这里做其他的事情。

而休闲区最好要与学习区相隔得远一些，如果孩子的房间不足以分出另一个区，那就把休闲区挪出去也没有问题。我们应该保证孩子的学习，防止他边玩边学。

最后，不刻意营造气氛，但也要尊重孩子学习的权利。

一说到为孩子营造有助于专注学习的环境，有的妈妈会刻意把家改造成一个无声之地，走路说话都小声，不看电视、不发出任何其他声音，只为了让孩子能安静地学习。这其实有点过分了。孩子不可能总处在一个无声之地，走出家门之后，没有人有义务必须为他创造一个纯粹无声的环境，一旦他不能接受，可能反而更容易为外界所吸引而走神。

所以我们尊重孩子需要安静学习的权利，但也要给他一个正常的生活环境，只要不过分，该说话就说话，该进行我们的活动就进行我们的活动。孩子需要锻炼的是自己的内心，让自己精神专注，沉浸到学习中去，而不是只去适应一个刻意营造的环境。

妈妈，我也很想控制自己，但不会呀

——教孩子学会控制情绪与行为

因为心理尚不成熟，经历的事情也并不多，所以孩子很容易成为情绪的俘虏，不管是好的情绪还是坏的情绪，都可能很容易就左右孩子的行为。

不能控制自我情绪的孩子，会被愤怒、悲伤、狂喜等情绪牵走注意力，他将"专心"去应对情绪，并反复不断思考引发情绪的事情。同样的，孩子对于自己的行为也并不能很好地控制，情绪会引发他的冲动，让他做出很多出格的行为。比如，有的孩子就是手痒痒，就是想要玩玩笔、动动别的东西；有的孩子就是忍不住要和人说话，不管看见什么都想要和人聊一聊；还有的孩子则就是坐不住，扭来扭去或者打扰其他同学，这是他的乐趣。

情绪和行为失控，孩子便没法以一种平静的心情去面对任何事，过于杂乱的内心世界，导致他不能集中精力，如果在上课的时候他依然不能让自己平静下来，肯定会走神。

所以从情绪角度来看，我们需要帮孩子平复自身杂乱的情绪，让他能

约束自己的行为，使他心无旁骛，然后他才可能安心听课。

第一，接纳孩子的情绪，并帮助孩子平复或疏导。

不管是好情绪还是坏情绪，孩子都希望获得理解与接纳，一方面这种"分享"会让孩子有一种"妈妈与我同在"的感受，另一方面他也是借助这样的"分享"来从妈妈那里获得帮助，好让自己激动的情绪能安静下来。

很多成年人对于孩子的情绪都会采取一种"不以为然"的应对方式，认为"小孩子一点小事就这么激动，真是幼稚"。所以，如果孩子过分开心，成年人可能会说"太闹了"；如果孩子太过沮丧，成年人又可能说"这也值得难过"。也许我们的本意是想要让孩子意识到，没什么事值得他这么激动，可是我们这样一种好似排斥、嫌弃的态度，却会让孩子不知道应该怎么应对情绪，反而更容易为情绪所左右。

所以不管孩子有了怎样的情绪，我们最好都先接纳并予以理解，尊重他的情绪，并根据事情原因的不同、情绪的不同，再给出合适的帮助。

第二，确定孩子出现情绪的原因，有的放矢。

取得了非常好的成绩，孩子会兴奋；得到了老师的肯定或者表扬，孩子也会表现得很激动。虽然是好情绪，但不能否认的是，好情绪也会促使孩子变得过于兴奋，他可能会沾沾自喜，也可能会得意忘形，只顾着开心，反而忘了其他事情。

而和同学吵架了、考试失败了、老师训斥了、感觉有压力了、家里闹矛盾了、即将要比赛了等事情，则会导致孩子出现坏情绪，烦躁、沮丧、焦虑、悲伤、恐惧等负面情绪的出现，往往要比好情绪更能影响孩子的行为表现。

如果是好情绪，我们则要在肯定孩子表现的前提下，提醒他注意把握当下，理解他兴奋的心情，肯定他的努力，同时也要引导他意识到"成绩只能代表过去，现在的好是因为过去的努力，要想未来继续好，还需要现在继续努力，所以，再接再厉，好好听课，认真学习，你就会有更多的好成绩"，让孩子不会止步于当下的成绩，让他以这个好成绩为动力，从而有更好的表现。

如果是坏情绪，我们就要理解孩子，接纳他对情绪的不完美应对。可以提醒他"人总要经历很多事，妈妈也是如此，不过我们不能因为这一件事就影响所有的事，有什么问题可以等课下再解决，不要让坏情绪毁了你宝贵的听课时间"。

第三，引导孩子正确面对情绪，避免他成为情绪的奴隶。

不管是好情绪还是坏情绪，如果孩子不能正确面对，反而任由情绪牵着鼻子走，就很难保持内心坚定，胡思乱想起来当然也就不能专心听课了。

相比较孩子，成年人对自己情绪的掌控理应要更成熟一点，所以我们要慢慢把这种成熟应对的方法教给孩子。首先我们需要用自己的理智来影响孩子，有的妈妈自己就是容易被情绪带着走，那么孩子受我们影响，自然也就不会好好处理情绪，所以我们要从自身做起，更好地掌控自己的情绪，让孩子也能在耳濡目染中受益。之后我们就可以教孩子如何理智看待不同性质的各种事，鼓励孩子尽量保持冷静的心态，教他一些释放情绪的小方法，保证他能在最短的时间里，尽快让自己平静下来。

第五章

避免学习以外的事干扰孩子

——不走神，需要清扫的障碍

有相当一部分孩子之所以上课走神，是因为被学习以外的事物所干扰，不论是身体问题还是情绪问题，又或者是被其他事情所干扰，都会让孩子对课程失去兴趣，转而集中精力去应对那些问题。显然只有将这些学习之外的障碍都清扫干净，孩子才可能集中精力学习。

孩子，时间安排好像不合理呀

——学会安排学习与兴趣、玩耍的时间

作为学生来讲，理应将学习与休闲时间区分开来，该学习的时候就认真学，做到心无旁骛，不受任何干扰；而该玩耍的时候，不管是发展兴趣爱好还是单纯地放松心情，都可以全身心投入地去玩。会学习也会休息，二者的时间不冲突、不混淆，这样才能保证孩子既学得出色，又玩得尽兴。

然而对于很多孩子来讲，这只是一种理想状态，尤其是小学低年级的孩子以及一些非常贪玩的孩子，他们巴不得能一直玩，即便是学习，也总是忍不住分神去思考玩的问题或者干脆就放弃学习开始玩起来。

而作为妈妈，我们自然并不愿意看到孩子这样稀里糊涂地度过他的小学生涯。绝大多数妈妈都希望孩子做一个爱学习、会学习的好孩子，于是一旦发现孩子总是玩，就会提醒、训斥孩子，希望他能如我们所想停止玩耍、专心学习。但是孩子并不能如我们所愿地去做，所以我们也就不得不反复提醒、训斥。

其实，我们这样强硬地去约束、教育孩子是不合适的，因为我们的方向错了。若想要让孩子不再一心贪玩，我们应该教他学会合理安排时间，让他意识到什么时间应该做什么事，让他成为时间的主人，也成为左右自己人生之路的主人。

第一，为孩子建立一个有规律的生活环境。

孩子的生活习惯受到家庭的极大影响，如果家里给他创造了一个有规律的生活环境，那么他也将学会有规律地生活。所以我们在平时的日常生活中，就要给每一件事做好时间安排，什么时间做什么事，一件事做完之后再做另一件，我们要养成这样良好的生活习惯。

我们可以给自己也安排一些学习、工作或者做比较紧要、正经的事情的时间，提醒孩子"这是严肃的时间，我们要专心致志地应对"，让孩子看到我们是怎么做的，要向他展示我们的认真、专一，且凡事都向前赶的表现，积极主动、认真仔细地做事，给孩子做好榜样。

第二，和孩子一起认识学习和玩耍或兴趣对他的意义。

孩子们对玩耍、兴趣的"需求"普遍大于学习，所以他会不自觉地去给玩耍安排更多的时间，即使在学习的时候，也会显得不那么认真。其实这与孩子对学习的认知不够有一定的关系。

小学阶段的学习还没有那么多需要理解思考的内容，孩子学起来可能不会太费劲，这使他对学习并不会太重视，尤其是有很多孩子会提前学习，很多内容老师还没讲，他就已经会了，这也会使他看轻学习。那么我们就要帮助他认识到学习对于自己的真正意义。

比如，有位妈妈是这样提醒孩子的：

> 我知道你很喜欢玩，玩真的很让人开心。但是，很多游戏是要有知识做基础的，比如猜字谜要用到你的文学功底，下棋则需要你会计算，做手工游戏又需要你多开动脑筋，出门在外玩耍也需要你掌握一定的自然天气常识。你看，如果你想要玩得更有意思，是不是就需要更好地学一学呢？

我们是不是可以从中得到一些启发呢？

第三，根据孩子的特点，引导他为自己安排时间。

我们不能剥夺孩子玩耍的权利，因为玩耍是孩子的天性。但说心里话，若是让我们去为孩子安排他的学习与玩耍时间，很多妈妈估计巴不得孩子只学习而不要玩。所以我们不妨把这个安排时间的权利交还给孩子，引导他自己为自己合理安排学习与玩耍的时间。

这时我们要注意到孩子自身的特点，活泼的孩子、外向的孩子，与安静的孩子、内敛的孩子对于玩耍的态度是有所不同的，前一种孩子可能会更贪玩，而后一种孩子也许想玩却又不敢开口。那么我们可以给予他们一些合理的建议，帮助活泼的孩子收敛玩心，帮助内敛的孩子能安心地去学习与玩耍。

提醒孩子要根据自己的学习能力来安排时间，不要随便学一会儿就算了，但也没必要为了迎合妈妈而不给自己安排玩耍时间。引导孩子真实地表达自己的想法，我们再对他有一些合理的约束就足够了。

生气了吗？跟妈妈说说吧，或许能帮到你

——不让孩子把坏情绪带进课堂

孩子对于情绪的控制能力有限，尤其是坏情绪，一旦他陷入坏情绪之中，那么可能很长时间都走不出来，也就更别提什么集中精力去听课了。而如果没有什么特殊情况，孩子的坏情绪多半都是在课下产生的，进课堂之前他就有了愤怒、悲伤、沮丧、烦躁、焦虑等情绪，如果他不能在课前把这些情绪消除，那么这些情绪以及引发这些情绪的事件，都将占据他头脑的大部分空间，让他无暇顾及课程。

所以，我们需要帮助孩子在课前就消除了坏情绪，至少不要让他带着坏情绪进课堂，不管是暂时压制也好，还是有能力完全去除也好，我们的宗旨就是，让孩子能轻松自然地进课堂，让他的大脑能在一种不受干扰的情况下去接收那些重要的课程知识。

下面这位妈妈的做法值得参考：

中午放学回家，孩子非常不开心，妈妈耐心询问，这才知道孩子上午最后一节课是体育课，在玩球的过程中和朋友起了冲突。孩子觉得朋友就是不喜欢自己了，也认为大家在一旁看了他的笑话，老师还因此指责了他们两句，认为他们扰乱了课堂秩序。

孩子觉得委屈极了，回家以后还在愤愤不平地说这件事。妈妈认真地听过之后，点头说："本来是件小事，结果这么一闹好像是挺严重的，和朋友吵架就挺难受的了，结果还被训了，真是让人不舒服的一节课啊。"

孩子感觉找到了共鸣，也连连点头："对啊对啊！我就是觉得好生气啊！"

妈妈摸摸孩子的头，问道："那你觉得应该怎么办呢？难道你要一直这么生气下去吗？气鼓鼓地去上下午的课，你该多难受啊。"

孩子想了想，说："我就是觉得很不舒服，很委屈，如果他能跟我道歉，我可能会好一点。"

妈妈则说："那就是你们两个人的事情了，这样吧，妈妈的建议是，你们等下课之后，再一起聊一聊。或者，如果你觉得可以说了，那就现在给朋友打个电话。我希望你能轻松地走进课堂，而不要带着情绪去面对老师，否则也是对辛苦讲课的老师不公平，你觉得呢？"

孩子想了想，觉得是这么个道理，不过让他现在和朋友沟通还做不到，他便同意了妈妈的建议，准备下午放学之后再和朋友聊一聊。而和妈妈交流过后，孩子的内心也舒坦了一些，至少不会再这么气鼓鼓了。

也许我们也有过类似的经历，尤其是没人劝导的前提下，我们可能多半都会带着这种负面情绪去继续做事，结果整个人都被负面情绪影响，脑子里乱糟糟的，什么都做不好，都没法顺利做下去。

如果我们对此感同身受，那就要给孩子提个醒，帮他摆脱负面情绪，让他能带着轻松走进课堂，专心去学习知识。

首先，提醒孩子他可以有情绪，但不能过火。

在坏情绪的影响下，孩子可能会掌控不住自己的思想与行为，要么钻了牛角尖，要么就做出什么出格的行为来。比如一位妈妈就讲过这样一件事：自己的孩子因为之前被老师训斥了，他觉得太难过、太委屈了，结果直接收拾了书包，当着老师的面大哭着就早退了。显然，孩子的情绪一旦失控，他接下来的言行会令人大吃一惊。

所以我们需要在孩子平静的时候就反复提醒他，人人都有情绪，这是正常的事情，但是闹情绪不能过火，不能被情绪冲昏了头脑。他需要学会控制，学会提醒自己"这是学校，是课堂，我的主要任务是学习"，以此来转移自己的注意力，让自己不至于被坏情绪带走。

其次，提醒孩子认真学习才是重要的，课堂是学习的重要场所。

一旦走入课堂，那么什么事都不如学习大。尤其是在最开始上学的时候，我们需要反复向孩子强调学习才是课堂上最重要的事情，让孩子产生一种不容撼动的印象，让他能认真对待学习。

前面也曾经提到过类似的建议，比如提醒孩子当走进教室门，就要在头脑中暂时关闭其他情绪的出口，专心应对老师的讲课。

最后，提醒孩子没有什么事是过不去的，所以他要学会放下。

这也是我们要重点讲给孩子听的内容，因为孩子对于一些小事可能会很看重，不好的事情带来的坏情绪也许会长时间烦扰着他，这并不利于他专心去做其他事情，尤其是听课。

所以，我们要教孩子学会放下，而我们自己就要用一种理解的心态来开导孩子，告诉他没有什么事是过不去的，他总要向前看，而专心听课、认真学习，就是帮助他看得更高、更远的最有效的方法之一。

家里的事，咱们还是留在家里解决吧

——放下"包袱"，轻轻松松走进课堂

家家有本难念的经，这是每个成年人都会有的感慨。的确，每个家庭都可能发生各种大事小情，作为家庭中的一员，孩子可能也会因为家中的矛盾变得忧心忡忡，甚至背上沉重的心理负担，导致自己没法安心听课。

一位妈妈讲了这样一件事：

女儿的班主任老师有一天忽然给我发来了微信消息，问我"家里是不是出了什么事"，我有些惊讶，刚想回复她"没事"，但老师更多的消息又来了，提到了女儿最近上课总是心不在焉，原本活泼的性格也变得沉闷了，有时候还能看到她一个人躲在角落里偷偷地哭。

我一时间不知道应该怎么回复了，因为这几天的确是有事，我和她爸爸发生了矛盾，争吵得非常激烈，还摔了家里的盘子和水杯。她爸爸气得去了单位住，我这几天也觉得情绪很不稳定。

我没想到家里的事情对孩子的影响这么大，等到女儿放学回家之后，我和她一聊，她才告诉我说，她心里很害怕，生怕家破碎了，她会变成没人要的孩子。我有些愧疚，这两天我们两个人都只顾及了自己的问题，却忽略了孩子的内心。

我告诉女儿："家里的事，我们会尽快解决，不会再有这样的问题影响你了。你能相信爸爸妈妈吗？我们一定能让家恢复原样的，所以你也要赶快好起来。"

每个家庭都有可能会出各种事，作为成年人，我们理应具备比孩子更好的自我控制力及对问题的处理能力，当我们不在家里制造各种"包袱"，孩子就不会自己去背上"包袱"，那么要实现这一点，我们需要从这几个方面入手：

第一，尽快成长起来，成为理智的成年人。

一遇到事情就只能大喊大叫、争吵打架，这并不是成熟的成年人的表现，真正有理智的成年人，遇到问题是会分析、讨论的，是通过商量来解决的，而非通过高声谩骂来用气势压过对方，并进而控制对方。

这就是对我们的一个严苛却很重要的要求，我们也同样需要成长，就算是为了孩子，也需要我们成长为理智的成年人，因为孩子会从我们的身上去学习处理各种事务，他会参考我们处理事情的方法来处理自己的事情，如果不想要孩子的未来也只能用争吵这种幼稚的表现来解决问题，那么我们就要自己先成长起来。

第二，不要排斥孩子对家庭事务的关心。

有的妈妈会对孩子说："这是我的事，与你有什么关系？你好好学习就行了，管那么多干什么？"这其实就是一种很不成熟的表达。孩子关心家庭，这是他一个很好的情感表达，难道你希望看到孩子对家里发生的任何事都冷漠地不闻不问吗？

实际上，越是这个时候，越能体现一个家庭的凝聚力，孩子的关心，我们可以收下。尊重孩子为家人、为家庭考虑的心，其实也是在培养孩子具备良好的情商，以及为他人着想的能力。而当孩子发现自己也可以为家庭解决一些问题时，他内心的压力也会减轻许多，如果他的方法有了成效，他没准儿会更快放下包袱，投入自己的学习中去。

第三，关心自己内心的同时也要关心孩子的心理。

有的人一遇到问题之后，就满心满眼都是自己了，自己觉得委屈，自己觉得难过，如果孩子这时过来，会觉得是孩子不懂事，不懂得安抚自己，还有的人会把自己的心理垃圾又全都倒给孩子，让还不能很好处理情绪的孩子无端背上沉重的心理负担。

我们关心自己没有错，然而在这种低压环境之下，孩子内心的恐慌、难过可能比我们更甚。所以我们不能只关心自己，也要关心孩子，看看他是不是有什么心理问题，他的情绪又发生了怎样的改变。就算是为了孩子，我们也要变得内心坚强起来。

第四，让孩子看到家里的改变。

既然是要通过在家解决问题，让孩子丢掉心理包袱，那么我们就应该让他看到家里的变化，不能只是口头表达过了要改变，但家里环境依旧压抑。我们要尽快走出来，应该用实际行动来帮助孩子缓解内心的压力，而孩子在看到家里的事情解决之后，内心自然也会跟着松一口气。

如果不能立刻改变，也要像前面那位妈妈那样，给孩子一个期望，让他知道是有改变的可能的，是有变好的趋势的，这样他才会放下心来去做自己的事。

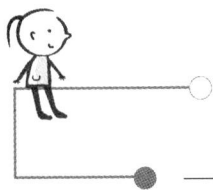

孩子，这没什么大不了的

——缓解孩子考试前、重大比赛前的紧张感

成为小学生之后，如果说有什么能引起孩子较大的心理波动，那么考试绝对能排在前几位，甚至在很多孩子内心深处，考试几乎可以算得上是最让他感到紧张的一件事了。

那么孩子为什么会对考试这么紧张呢？原因可能有以下几点：

一是考试会给孩子带来一种紧张的气氛，限定的时间、限定的场所，老师会来回巡视，大家同一时间都要埋头苦干，这种场景就会给人带来一种压力。

二是孩子对于知识的掌握程度不能确定，因为考试是综合性地把所学的内容列出来去考查，并不会像每个课后练习那样很准确地扣到特定知识点上。孩子不清楚到底要考什么，也就没法确定自己所掌握的内容是不是能应付考试。当然有相当一部分孩子是真的没有学得很好，或者复习得并不到位，他会害怕考到那些他还没掌握的内容，这也会导致他的紧张。

三是我们过高的期望和孩子对自己的期待也会影响他的情绪，尤其是有的妈妈巴不得孩子每次都能考满分、考第一名，这无形中会让孩子觉得自己一定不能出错，而这种对完美的追求势必会让孩子觉得压力巨大。

除了考试，一些重大比赛对于孩子来说也会产生同样的压力，其压力原因与考试紧张的原因如出一辙。

而一旦产生压力，孩子会不自觉地担心后果，他也就没有太大的精力去专心听课、学习，他所有的力量都被用来抵抗压力，甚至直到考试、比赛结束，他的压力可能还没有减轻。这时就需要我们来帮助孩子减压了。

首先，理解孩子压力倍增的心理。

孩子对于这种压力会显得不知所措，他一旦陷入其中很难自己爬出来。我们要理解他这种难受的状态。有些感觉紧张的孩子可能会变得寝食难安，脾气也变得暴躁起来。

孩子此时最需要的是理解，而非训斥，因为有些妈妈会对孩子的这种状态很反感，比如有一位妈妈就曾经训斥孩子："让你平时用功你不用功，这时候你想起来着急了，不吃饭不睡觉顶什么用？有本事你考个好成绩啊！"对于这种状态的孩子，激将法是最失败的一种方法，而予以孩子理解，告诉他"每个人都会紧张，妈妈也会，这种紧张是正常的"，他也许会更愿意听从妈妈的建议和引导，并因为这份理解而不再盲目地自我紧张。

其次，放下对孩子太高的期望。

我们应该正视孩子的学习程度，认识到他的能力，不去过高要求他，

不要总是给他压力。让孩子能以自然的状态去迎接考试，让他不至于因为担心我们是不是会生气而紧张。

也就是说，我们要相信孩子，并肯定孩子的每一分努力，只要他无愧于自己的努力，那么不管他考得什么样、比得什么样，我们都应该接纳那个结果。一旦孩子从我们这里获得这样的一种暗示，他就不会自己给自己增加那么大的心理负担了，放松下来的孩子，也就能正视考试、比赛这些事，而不会额外地在课堂上浪费时间去担心。

再次，督促孩子在平时多努力。

有些孩子越到考试、比赛时越紧张，有很大一部分原因是因为他平时准备不够充分，临时抱佛脚，自然也就底气不足，而且随着时间越临近，他就越发胆怯，那种自知自己肯定不会有好成绩的绝望感以及还有那么多东西没有学会的担忧感，会让他不自觉地想要退缩。

与其让孩子挨到马上要考试或比赛的时候紧张感倍增，倒不如在平时督促他多努力，平时抓点紧，有了足够的学习、复习、准备的时间，等真的到考试或比赛时，那种紧张就只是一种由严肃的氛围而导致的紧张了，孩子就不会因为自己所学不够、准备不足而担忧了。

这个提示应该是长期有效的，尤其是孩子因为紧张而走神，错过了更多的课堂内容时，这种提示更重要。我们也可以在孩子经历过一次失败之后，给他这样的建议，让他能在日后保证平时多加努力，而不要在临近考试时因为紧张而耽误更多的课程内容。

最后，让孩子有适度的紧张感。

正常来讲，遇到考试、比赛等重大事情，孩子应该紧张一下，但一定要有度，否则太过紧张会让孩子脑子一片空白，原本会做的题不会做了、平时记住的知识也忘记了，原本的实力无法被发挥出来，这就是紧张过度了；但若是一点都不紧张也不合适，完全没有紧张的情绪，孩子可能就提不起精神来，对考试或比赛不够重视，也可能导致他失利。

该让孩子紧张的时候也要让他紧张起来，关键是要把控好紧张的度。在不影响正常听课的前提下，让他能对考试、比赛等重大事件有足够的重视就够了。

少去一次厕所，你会更棒的

——善于用"减法"帮孩子一步步增强注意力

进入小学之后，很多孩子都会忽然多出一个奇怪的毛病，那就是一到上课、写作业的时候，就想要去厕所，而且还不止一次；但是平时玩耍的时候、放松的时候，他也并不会那么频繁地往厕所跑。

要说上厕所也应该是一项顺应个人自由，感觉有了便意想要去厕所，这再正常不过，但是如果频繁地去，这里面就有问题了。对于孩子来说，如果他不能做到很好地控制大小便，那么上课或者学习的时候，他的注意力就将不断地被想要去厕所的意愿所干扰，也就没法做到聚精会神了。

对于这种情况，很多妈妈非常无奈，比如这位妈妈就曾这样求助：

我儿子上小学二年级了，一年级的时候他还挺好的，上厕所也正常，但从二年级开始，一到上课他就要去厕所。要说小孩子憋不住，举手向老师示意，老师也会同意他去。可是他去的次数太多了，有的老师就认为他是故意的，认为他不想要好好听课，有时候就不让他去，让他等到下课。

结果儿子害怕了，上课想要去厕所，也不敢跟老师说。可是他一节课下来基本上就听不到老师说什么了，他全部的注意力都被用来应对那想去厕所的欲望，还要憋着，感觉很难受。有两次他实在憋不住就尿了裤子，同学们嘲笑他，他自己也觉得很难过。

后来我问儿子，为什么他总是上课去厕所，他说有时候下课和大家玩，一时就忘了上厕所；有时候下课并不想去，可刚一上课就憋不住了。

我也觉得很烦躁，他爸爸着急起来还打过他，但他依然如此。我有些担心，孩子是不是产生了一种奇怪的条件反射，一到上课就要去厕所，这该多影响他听课，而且对他的身体也不好啊！愁死我了！

面对这种情况，我们也的确需要好好观察思考一下了。频繁上厕所的孩子，无非是两种原因：一种是真的有尿频的问题，这就需要我们带着孩子去医院好好检查一番；另一种则是孩子的心理作用，或者是以上厕所为借口，逃避写作业、读书学习等，这需要我们认真去对待。

第一，不要以暴制暴，耐心引导好过强制压迫。

人在紧张的时候，反而会更容易上厕所，这是由人的生理特点决定的。人体中交感神经与副交感神经合作，当人兴奋的时候，交感神经维持身体

的活力；而当人休息的时候，副交感神经就会开始工作。原本交感神经与副交感神经是轮换工作与休息的，但人的情绪一旦发生剧烈变化，交感神经与副交感神经都会兴奋起来，身体的各个机能也就随之被调动起来，比如心跳加快、排泄及消化器官也会不停地工作，人也就很快产生便意、尿意了。

显然，如果我们越是严厉地训斥孩子，提醒他"上课不许去厕所"，他反而越是紧张害怕，那么身体中的神经工作也就越是"勤奋"，自然是没有效果了。

所以，以暴制暴是错误的方法，靠强制阻止孩子上课去厕所是行不通的。我们应该耐心一些，帮助孩子放松下来，及时和他沟通，解开引发他紧张的心结，让他从内心深处不再担忧焦虑，才可能更有效地解决他这个问题。

第二，对孩子使用"减法"方式来提升他的专注力。

所谓"减法"，就是帮助孩子减少去厕所的次数。这种练习平时在家我们就可以开展起来，比如孩子在学习过程中，通过观察，我们发现他一个小时会去四五次厕所，先不要训斥他，可以和他商量好，鼓励他在下一次学习的时候，将一小时去四次厕所减少到去三次，如果他做到了，就肯定他的坚持；然后再下一次，鼓励他减少到两次；以此类推，直到他能做到坚持一段长久时间不去厕所。对于他每一次的进步，都要予以鼓励。

当然我们也可以提前与老师打好招呼，借助老师的配合，让孩子在学校里也坚持这样的锻炼，鼓励孩子通过自我调控，实现不在上课的时候频繁去厕所。

第三，帮孩子养成正确的喝水与如厕习惯。

其实前面那个事例中，孩子的日常表现也是导致他上课频繁去厕所的原因之一。很多孩子的确是有这样的问题，下课了他专心去玩，一分钟都不愿意"浪费"掉，结果就错过了去厕所的时间；还有的孩子则是下课了喝大量的水，结果导致一节课坚持不了多久就想要去厕所了。

所以，也可以从养成良好的课间休息习惯方面入手，提醒孩子每节课下课之后，第一时间就是去厕所，解决了生理问题，然后再做其他的事情。而下课的时候简单润一下喉就可以了，不要频繁大量地喝水，以免自己给自己找麻烦。

第四，转变自己的观念，给孩子休息的时间。

有时候是孩子以上厕所为借口，中断写作业、读书学习。他可能会频繁上厕所，而且会在厕所里待得比较久。面对这种情况，也应该及时提醒孩子，如果是写作业、学习真累了的话，可以适当休息，完全不必以上厕所的方式去"减压"。当然，这也需要我们能够"通情达理"，转变观念，因为"不会休息的人也不会学习"，而应该劳逸结合，所以，要给予孩子休息的时间，而不是希望孩子把所有的时间都用来读书学习、写作业。这样的话，孩子就会慢慢地安心学习，提升专注力，而不再想方设法以频繁上厕所的方式去放松自己。

给你一个好身体，这是妈妈的责任

——上课不走神，好基础一定要打下

虽然孩子上课走神是一个源自他主观的一时行为，但是有时候，他的意识可能没问题，也想要好好听课，可身体却不允许。没有好身体，就相当于孩子没有好的集中精力的基础，不管是生病还是困倦，又或者是饥饿、瘦弱，都会让孩子的身体无力支撑那么久的精力。

所以从这个角度来说，若想要让孩子上课不走神，我们有责任给他一个好身体，从饮食、作息等方面来调整他的身体状态，让他能以良好的面貌来走进课堂，并以充沛的精力来应对课程。

有的妈妈在这方面有所忽略，比如下面这位妈妈：

前两天孩子的班主任老师跟我反映说，最近孩子上课总是走神，看上去是在听课，可实际上他的眼神是呆滞的，冷不丁还会眯眼，有时候干脆就趴在桌子上打起了瞌睡。老师也提醒过几次，但是还是会看到孩子时不时打哈欠，一副精神不振的样子。

看到老师的反馈，我才想起来，最近孩子的爸爸给他买了新玩具，这两天他都玩得特别开心，以至于晚上十一点了都不想睡觉，每次都是反复催促他才肯上床休息。看来他走神，就是因为没休息好导致的。

孩子都爱玩，他会毫不顾及自己的身体状态，只追求当时一时的开心。所以，我们一定要对孩子负起责任来。

首先，帮助孩子建立良好的作息习惯。

早睡早起，保证孩子有充足的睡眠，这是让孩子有一个好身体，并能保证其精力充沛的最基本的条件。

针对不同年龄段的孩子，我们要了解他所需要的睡眠时间，并结合他每天晨起到校的时间，以更好地确定孩子每天晚上几点睡觉比较合适，每天睡多久才算保证睡眠。对于熬夜这个问题，我们需要格外重视，应该帮助孩子严格控制好作息，合理安排每天放学后的时间，让他能有充足的睡眠。孩子只有睡足、睡好，才能有更多的精力去应对需要动脑的学习。

其次，带着孩子锻炼身体，提升身体素质。

身体若是长久不动，必定会出问题，孩子的身体更是如此，只有勤于锻炼，才能保证孩子有良好的身体素质，不会轻易为疾病所击倒。

这种锻炼不需要多么刻意地去给孩子安排任务，每天带着孩子早起跑跑步，晚上打打球、跳跳绳，或者带着孩子骑单车、滑旱冰、游泳，哪怕是简单的跑跑跳跳，都能让孩子的身体每天都得到锻炼。尤其是天气好的时候，不要总让孩子窝在家里玩电子产品，带他走到户外，晒晒太阳、做做运动，会让他的身体得到很好的锻炼。

再次，尽量不让孩子带病上课。

有时候孩子感冒了，可能只是咳嗽、流鼻涕、打喷嚏、鼻塞，症状并不严重，我们多半都会选择让孩子继续上学听课，认为这不会有什么影响。但实际上，只要是生病，孩子的身体机能都会受到影响，如果再吃药，那么药性发作上来，会让孩子的身体不自觉地处于一种自我休息的状态。不管是难受的状态还是吃药镇定的状态，都意味着孩子不可能打起百分之百的精神来应对课堂，不可能有充足的精力去听课、思考。

所以孩子生了病，如果没有什么特殊的情况，倒不如给他请好假，允许他暂时休息两三天，让他将身体养好，不必一边对抗身体疾病一边还要努力听课。待到身体好转，再给他集中补一补课，头脑清醒、身体健康的情况下，他学习起来也会更迅速有效。

最后，警惕零食诱惑，保证孩子营养均衡。

有的孩子走神，可能与身体里缺乏维生素有关，比如缺锌的孩子可能就会出现不能集中注意力的情况，这需要引起我们的注意。

但是，现如今的生活质量已经大大提升了，孩子不一定是因为吃不够而导致营养不均衡，恰恰相反，可能正是因为孩子偏食、挑食、不能正常吃饭，才导致他营养摄入不均。

比如，有的孩子就爱吃零食，或者因为上课的时候感觉饥饿，或者受不了食物香气的诱惑，还可能是单纯地就是想吃，他会无视课堂纪律，也不管老师在讲什么，而专注地去吃东西。这样一来，孩子不仅无法保证课堂听课的质量，还会因为零食的过多摄入，而影响正常三餐营养的摄入，损害他的身体健康。

平时我们要尽量保证三餐的准时与营养，不在孩子的书包中准备零食，也提醒孩子不要乱用零花钱去购买零食。这样就能保证他的健康，同时也能避免他在上课时因贪吃而走神。

第六章

谨防偏激的教育加重走神

——妈妈反省改变，孩子更专注

你认为孩子走神只是他自己的原因吗？其实不是的，可能偶尔的一两次走神，的确是孩子主观方面有一些问题，但如果我们没有对他展开正确的教育，而是采取了错误的应对方式，那么孩子的走神问题就不能得到解决。所以要解决孩子的问题，也需要从我们自身入手。

你怎么总是不好好听课呢？

——妈妈自己要缓解焦虑，而不要去指责孩子

把孩子送进学校，我们自然都是带有希望的，希望他能好好听课，认真学习，希望他能用好成绩来回报老师与父母。正是基于这种美好的希望，不少妈妈非常紧张孩子会出问题，一旦孩子出了问题，这样的妈妈会显得很焦虑。

就拿走神来说，当妈妈从老师那里得知孩子走神时，焦虑的妈妈会忍不住反复训斥孩子，并用一种很绝对的表达来训斥孩子说"你怎么总是不好好听课呢"，一句话，就否定了孩子之前所有的良好表现，一个"总"字，就显得孩子好像一直都是个坏孩子一样。

妈妈过分的焦虑，会给孩子带来无形的压力，甚至让孩子也开始否定自己。时间久了，孩子也会逐渐认为自己就是一个坏孩子。有一些心思重的孩子，还可能到了上课的时候就会想起妈妈的话，不想走神却忍不住走神，这才是真是适得其反了。

所以这就需要我们自己先调节好自己，只有我们缓解了焦虑，才不会以焦虑的心态去看待孩子，才不会给孩子多余的压力。

首先，孩子犯错、出问题，是其成长过程中的必然现象。

孩子一路成长，几乎就是在不断地犯错、出问题中经历的，这是他成长中的必然现象，绝大多数的孩子都要经历这些。我们需要正视这个问题，只有正视，才不会将孩子出的问题当成是什么"了不得的事情"，才能以一种包容的态度来面对。

当我们接纳了孩子的不完美，不以完美的高标准去要求孩子，孩子也会过得更轻松一些。而当我们放松下来，意识到孩子成长过程中的这个必然之后，我们也就能更合理地思考，从而想到好办法解决问题。

其次，不要频繁使用负面总结性评价。

焦虑的妈妈会习惯性地用一种"负面总结性评价"来评价孩子，如"你总是这样不听话""你就没有一次好的时候""你永远都学不好"等说法，这其实是在对孩子进行没完没了的否定，而通过这样的否定，妈妈内心的焦虑也显露无遗。

对于孩子来说，如果你频繁否定他，那么他多半不会受到激励，反而会变得越发走向你期待的反面。对孩子应该多用鼓励，而非那么绝对的否定，哪怕说"这次又犯错了吗？那你觉得应该怎么改正呢"，都要比"你怎么又错了？就没个好时候"更容易让孩子接受，也更容易激发孩子想要努力改进的心思。

再次，多从解决问题的方面去思考，不要频繁给孩子摆出问题来。

孩子出了问题，的确是需要引起我们重视的，但我们之所以要关注孩子的问题，其实主要是为了帮助他解决问题，也就是说我们的重点应该是放在怎么处理问题之上，而不是频繁地数落孩子表现怎么不好，总是拿他的表现说事。孩子也有自尊心，他并不喜欢妈妈总是说他"你怎么不好好听讲""你老走神就是有问题"这样的话，他希望我们能给他一些好建议、好办法，帮助他摆脱这个问题，从而让他不再总受训。

我们对待孩子问题的态度很重要，带着想要解决问题的态度，会让我们的思路灵活起来，而不只是简单停留在对孩子犯的具体错误充满焦虑。当我们为了孩子进步而着想，帮助他认识自我、改变自我时，孩子才会更愿意接纳我们所表达的内容，并愿意采纳这些建议并发生改变。

最后，接纳不完美的自己。

实际上，妈妈的焦虑也不仅仅是对孩子的，也是妈妈也在焦虑自己："为什么我就教育不好孩子呢？""为什么我这么努力孩子还是犯了错呢？""我的教育怎么那么多问题呢？"一旦陷入这种自责之中，妈妈显然会变得更加焦虑。

那么唯一的解决办法，就是放下对自己的苛求，我们就是一位普通的妈妈，和很多妈妈一样，有做不到的事情，有解决不了的问题，但这并不是什么大问题，随着孩子的成长，我们自己也同样会成长，继续努力向前才是重要的。

就你走神，怎么别人都不走神呢？

——盲目比较反而让孩子无视走神

有一个"熟人"，可能我们小时候就都认识，现在我们也在把他介绍给孩子认识，这就是别人家的孩子。关于走神的问题，我们可能对孩子有过类似这样的说辞：

怎么别人都不走神，就你走神呢？

你看看人家都专心听课，就你什么都听不见。

你什么时候能像别人家的孩子一样认真听讲呢？

……

我们的意图是让孩子能参照其他孩子的表现，然后自己也好好表现，能够做到专心致志地去听课，但实际上在孩子听来就完全不是那么回事了。

因为我们并没有出现在孩子的课堂之上，也并没有亲眼所见孩子的课堂上到底是一个怎样的情况，别的孩子究竟有没有认真听课我们也无从得知，但我们却很笃定地用别人来与孩子做对比，就仿佛一切都尽在我们的掌控之中一样。

可是，孩子自己也会去观察思考：别人到底如何了，是不是真的如妈妈所说的那样都是认真的，有没有和自己一样并没有好好听课……一旦他发现有与妈妈所说不符的情景，比如也有其他的孩子和他一样走神，甚至是在说话、做小动作，他都会立刻感觉"妈妈在骗我"。

如此一来，当下次我们再用同样的内容去训斥他时，他就会反驳了"别人也一样走神"。可是你会怎么回答？没错，你多半都会说"你怎么只注意不好好听课的人？那么多同学认真听课你不注意，谁不好你学谁，真是没出息"。

我们盲目地进行比较，在被反驳之后还要继续进行霸道的教育。这样孩子会听吗？答案是否定的。孩子几次与我们交流之后，发现我们是说不通的，那他干脆就无所谓了，"反正不管我说什么，你都认为我是错的，那就随便吧"。孩子一旦产生这样的想法，那么走神到底对他有什么影响他也就不再在乎了，最终的结果就是，他觉得上课走神也无所谓了。

这是一个并不那么令人开心的发展，但究其原因，正是我们对孩子进行了盲目的比较，才让孩子认为，妈妈的教育是不靠谱的。

那么，怎样扭转这个局面呢？

首先，把关注的目光放回到孩子身上。

孩子都喜欢妈妈关注自己，而非他人。所以不管你问孩子"怎么别人都不走神"还是问他"别人有没有走神"，在感觉上都会觉得妈妈忽视了他。既然是孩子的问题，更多地关注他自身就好。

前面提到了很多走神的原因，我们不妨多问问孩子身体感觉如何，心里是怎么想的，最近有没有遇到什么事，让孩子感觉到妈妈的确是在关心他，而非只注意他与别人的比较，他也会更安心一些。只有感觉到自己得到了足够的重视，孩子才会有安全感，才能放心去解决自己的问题。

其次，欣赏孩子自己的进步而非与他人的比较结果。

如果经常被比较，孩子会不自觉地去看自己比他人强了多少、弱了多少，那么在孩子心中就会演变出一种不恰当的竞争意识。他将不会认为自己做得好有多重要，而是专注于自己是不是比别人强。

我们看待孩子，应该是纵向去看，今天的他是不是比昨天好，我们又期待他明天能有怎样的改变。这种欣赏会让孩子也只专注于自身的努力与进步，而不会只在意自己与他人之间的比较有怎样的结果。

最后，为孩子树立良好的榜样。

不比较不代表对他人的无视，我们可以在日常聊天时，从孩子口中去了解班里有哪些同学表现得好，谁上课听讲认真得到了表扬，谁上课因为专注听讲回答出来了老师的问题，谁又能把课堂笔记记录得准确而全面。在向孩子了解的过程中，我们应该保持一种欣赏的态度，不是贬低自己的孩子而捧高其他的孩子，而是公正地表达对这种良好行为的认可。

而接下来，我们就要鼓励孩子向这些好同学学习，尊重他的努力，肯定他愿意为此进步的决心。也就是说，我们可以为孩子树立良好的榜样，而这个榜样应该是孩子能看得到、学得来的，但同时我们不要去过分夸奖榜样，而是乐于期待孩子能够做得比现在更好。

你得好好听啊，不然可就……

——习惯性地悲观、乞求，让孩子逃避走神

如果孩子上课走神，这将会带来怎样的后果呢？对于这个问题，有的妈妈会非常悲观，从得知孩子走神开始，悲观心理就迅速浮上心头。

比如，下面这位妈妈就是如此。

老师在家长会后提醒一位妈妈，说她的儿子最近上课总是走神，成绩也有些下滑，希望家里能配合老师好好找找原因，帮助孩子纠正走神的问题，稳定住成绩。

妈妈觉得这是个了不得的事情，回家之后就把儿子叫过来，满脸遗憾和担忧地说："你这可怎么行呢？老师都说你不好好听讲了，你现在才上几年级就不认真听，以后你可怎么办啊？就这样你将来怎么学更多的知识？以后你什么都学不会可怎么办呢？是去捡垃圾活着吗？这以后你还能干什么啊？我真是愁死了！算我求你了，你好好听讲行不行？"

儿子有些不知道应该怎么回应了，他也不知道自己应该怎么办了，他也想认真听，但从妈妈这个表达来看，他觉得自己都没什么改变的信心了。

在孩子的内心世界中，妈妈理应是有能力的成年人，可以想到很多办法来解决很多问题，然而妈妈如果变得悲观起来，甚至用乞求的方式来对待孩子，这会让孩子因为害怕而变得不知所措，实在没有办法就只能逃避责任了。

希望孩子能好好表现，这个"盼头"没有问题，然而我们应该正向表达这个期盼，而不是用自己的愁苦悲伤去影响孩子。

第一，凡事多看积极的一面，培养自己乐观的态度。

孩子犯了错误，并不是就无可救药了，这其实也是在暴露他成长过程中的问题，需要做的是找出原因，寻求方法，协助孩子改正。只要孩子愿意努力，什么问题都不是问题。

孩子走神这个问题，从消极的一面来看，的确是"小洞不补，大洞吃苦"；但从积极的一面来看，也正是我们了解孩子心理、了解我们自身的教育是否合适，并能让孩子获得全新成长的好机会。

所以对我们来说，这就是一个心理角度的选择。作为妈妈，我们理应对自己的孩子充满信心，凡事多从积极的层面思考。当我们积极起来的时候，再看待孩子的问题也就不会总是愁眉苦脸，而是更愿意去努力想办法解决。而孩子在接收到我们的积极态度之后，他也将不再逃避，而是能理解我们的期待，并愿意主动改变。

第二，不要试图用贬低自我的方式来换取孩子的"尊重"。

"我求求你了，听妈妈的话吧，好好上课，好好学习，妈妈真的求求你了。"这句话里，满是卑微感，贬低自我、乞求孩子，那么结果呢？

有的孩子会意识到"连妈妈都求我，看来她真是没什么办法教我了"，结果孩子变本加厉，并没有改变；有的孩子则心生恐惧，"妈妈怎么能这么求我呢？这感觉太可怕了，我不想听到妈妈这样说话"，这样的孩子不仅会逃避原本的责任，也并不愿意与妈妈久待，因为妈妈这种卑微、悲观给孩子带来的心理压力是无比巨大的。

不管什么时候，妈妈都应该是孩子最坚定的支持者与协助者，永远不要用哀求的方式教育孩子，否则就相当于你自己放弃了身为长辈的尊严。没有办法可以想办法，找不到头绪可以求助能人，在孩子面前，长幼有序这一点是不能被打破的，而妈妈自身的尊严，也要靠自己去维护。

第三，多用正向的话语引导，少做一些负面设想。

说到底，这样的妈妈是想得太多了，或者说设想得太远了。孩子眼下的生活更适合脚踏实地，走一步就完善一步，发现问题当下思考解决，先埋头认真奋斗，打好基础才是重要的。

同样的问题，如果你总是说"现在不认真，将来你就完了"，那孩子眼中的未来就永远都是灰暗的，他当然提不起精神来，而且过多的负面标签贴给他，也更容易促使他自暴自弃。但如果反过来，你用正向话语去引导他，提醒他"如果有事我们就先解决事，我希望明天的你能带着轻松走进课堂"，或者是鼓励他"大家都能做到的事情，我们也不差，认真听课并不难，我相信你也能做到"，这种正向的鼓励，孩子也更愿意接纳，因为他可以从中感受到希望，哪怕当时做不好，但他也会有努力的动力。

不好好听，明天就别去上学了！

——太简单粗暴，会使孩子惧怕走神

如果说悲观的妈妈是在用贬低自我来教育孩子，那么暴躁的妈妈就是在用自己的坏脾气来发泄怒火了。有些妈妈总想着要给孩子一个"下马威"，一听说孩子总是走神、不好好听课，就会对孩子吼道："不好好听课是吗？那明天别去了！省得挨老师训，我也跟着你丢人！"这句话的确是有威慑力，然而这个威慑力却并不会让孩子产生改变"走神坏毛病"的想法，他反而会心生惧意。

之所以这样说，是因为孩子完全没想到妈妈会用"不要去上学了"来威胁他。孩子对于学校有一种微妙的心思，如果是他自己因为厌烦或者其他事情主动不愿意去上学，那是出于他的主观意愿，虽然想法不对，可是对于处世经验不多的孩子来说，至少他是在掌握主动权；但如果是旁人，不管是老师也好还是父母也好，阻止他去上学，他反而会觉得害怕，这对他的内心是一种折磨，他会变得更加纠结，直到背上沉重的心理负担。

所以要改变孩子走神的问题，如此简单粗暴的方法也是不行的，我们还是要从长计议。

首先就要从控制我们自己的脾气开始入手，一般能说出类似于"不认真听就别上学了"这种冷酷话语的妈妈，其实都是脾气暴躁的人，但同时也是无计可施的教育者。孩子犯了错误，不是主动去思考原因、考虑解决办法，而是先生气，先用孩子的错误来让自己愤怒起来。这种表达方式，也是一种撒气的方式。但是说实在的，这样的妈妈内心并没有更好的解决办法，唯一能体现"魄力"的话，就是如此凶狠的一句"别去上学了"。

在这样的妈妈的潜意识里，孩子能不能去上学，其实还是由妈妈来左右的，妈妈的掌控欲望非常强烈，希望孩子能完美地接纳自己的要求，并按照要求去认真执行。而一旦孩子表现不如自己所期望的，妈妈就选择彻底扼杀希望的方式。这样做简单粗暴，却不能解决问题。

所以我们需要好好控制一下情绪，不能轻易就被孩子的问题打乱自己的思路，教育孩子难道是为了让自己生气吗？简单想一下这个问题就能理顺心思了。教育孩子是为了让他成长得更好，每当发现问题，我们也应该有一种"幸好"的心理，那就是幸好发现了问题，才让我们能有机会去寻找原因解决问题，帮助孩子修剪掉长歪的枝丫，让他能正向生长。

那么控制脾气只是第一步，在这之后，我们就要审视一下自己的教育方法了。为什么一定要用这种吓唬的方式来教育孩子呢？当我们说出"不好好听就别去上学了"的时候，其实就是在吓唬孩子，难道你还真的把孩子扣在家里不让他去学校吗？难道你还真的准备剥夺孩子受教育的权利

吗？绝大多数妈妈是不会这样做的，所以这样的说法就是想要吓唬孩子。而我们也很期待这个吓唬的结果，期待孩子受到吓唬，变得不敢反抗，不敢再走神。

然而，孩子的确是不敢了，可他走神的原因没有找到，这就意味着问题并没有解决。那么他在原有走神的基础上，就被迫又加上了一条，"我如果走神，妈妈就不让我上学了"，这种焦虑的情绪会始终缠绕着他的思绪，你觉得他是真的能做到完全集中注意力听课吗？

而且，吓唬的方式并非屡试不爽的，几次吓唬之后，孩子也会根据事实来进行判断，"原来妈妈只是说说而已"，"妈妈也就只能吓唬吓唬我了，根本没办法"。一旦他意识到我们其实是没有好办法来解决他的问题的，那么他也可能会变得肆无忌惮起来。

由此看来，我们还需要改变这种单纯寄希望于吓唬的教育方式。孩子不是吓大的。孩子都是经历过每一次入情入理的教育之后，才可能有所成长的。改变一下思路，从他的问题入手，按照为什么、怎么办的思路去思考，总能找到一些答案。毕竟，我们教育孩子是希望他成才，而孩子愿意接受我们的教育则是希望能从我们这里有所收获，所以不要用吓唬的方式来解决孩子的问题，越是理智应对，越能见证孩子更美好的未来。

你说，是不是别人影响你了？

——把责任推到他人、其他方面是无益的

在有的妈妈眼中，自己的孩子是完美的，"我的孩子怎么会犯错？就算犯了错也一定是别人的责任，出了问题也一定有什么其他客观因素影响了他"。殊不知，这样的想法会因为不能正确认识孩子的缺点，从而导致他变得不能承担应有的责任，成为一个习惯于推卸责任、逃避责任，并自大骄傲的人。

在走神这问题上，也有妈妈是这样想的。一位老师讲了这样一件事：

有一位妈妈和我聊天的时候，告诉我说她的孩子被班主任批评了，班主任老师说他上课走神，不认真听讲。

我原本以为这位妈妈会告诉我孩子走神的原因，然后希望从我这里得到一些分析与帮助的，哪知道，这位妈妈却说："我的孩子怎么可能走神？平常在家他看动画片看得认真着呢！谁叫他他

都不理，就这样的还走神？肯定是别的同学影响他了，要不就是别的什么事吸引了他的注意力，不然我的孩子这么认真，怎么就会走神？我觉得老师批评他，真是太冤枉他了。"

我有些无奈，走神是一种主观行为，就算是他人的影响，那孩子的注意力为什么这么轻易就被吸引，难道不应该是我们认真反思的事情吗？

当把问题都归结于客观原因时，我们和孩子都会忽略掉他本身的主观原因，这就相当于我们用其他客观原因遮盖了孩子本来的问题，问题并没有得到解决，孩子下次也就还会走神，并且走神的次数也会越来越多、程度也会越来越厉害。因为在他内心深处，会自动认为"反正都是别人的错，我照旧表现就可以了"。

显然，推卸责任并不能促进孩子进步，反而会让他暴露越来越多的问题，我们不能如此自欺欺人。那么，我们应该怎么做呢？

首先，客观公正地看待孩子。

相信孩子是没错的，然而我们也要客观公正地看待孩子，要看得到他的问题，不要人为地给他找理由来帮他解脱。

举一个简单的例子，幼儿时期的孩子学习走路，跌倒了，我们都知道要鼓励他"好好看路，慢慢走"，而不能对他说"这破路，绊倒我们了，打它"。相信新时代的父母对于这一教育方式都感同身受，也都能做到。可为什么随着孩子慢慢长大，我们却不能客观看待他了呢？

我们应该延续在孩子幼儿时期的那种教育方式，要意识到孩子在成长中难免出现各种问题，其中有些错误是他的主观意识所导致的，这种错误与其他人、其他事物无关。

其次，专注寻找孩子自身的问题。

很多问题的出现，原因的确是多方面的，但在客观原因与主观原因之间，我们也要合理判断。其实类似于孩子走神这种源自孩子自身主动的行为，主观原因理应是主因，客观原因则是副因。设想一下，一个班的孩子都在听课，如果出现什么外来的新鲜事物，的确是有不少孩子会好奇观望，但也总会有孩子不为所动，依然认真听课、认真学习，可见这种被客观因素影响并不是绝对的，还是要由个人的主观因素来控制，孩子如果能很好地掌控自我，自然也就不会轻易被客观因素所撼动了。

我们和孩子都要专注于寻找孩子自身的问题，和他一起分析导致他走神的原因，通过沟通交流了解他当时的想法，问问他对学习、听课的想法，鼓励他自己努力克服这种很容易转移注意力的毛病。

最后，提醒孩子理智对待来自外在的影响。

对于客观因素的影响，也不能完全忽略，孩子要从主观上产生想要自我控制的意愿，尽量做到自己控制好自己的注意力，不去过多关注其他。但同时，如果周围客观因素实在影响太大，孩子也要学会应对。

比如，有个孩子和妈妈抱怨，他的同桌太好动，每天上课都

坐不住，经常和周围同学讲话，有时候自己会被他碰到，被他讲话的声音影响。于是妈妈在提醒孩子自己专注的同时，也建议他去和同学好好交流一下，实在不能解决的时候，也可以找老师反映一下问题。

也就是说，孩子应该是自己主动去为自己创造一个理想的听课环境，而不是被动地认为"都是他们的错，应该他们自己改正"，这种"坐以待毙"的方法并不能解决问题，反而让自己陷入更多的困扰之中。

没事，妈妈给你找好老师补一补

——宠溺，让孩子越发不重视走神

走神是个大问题吗？严格来讲，答案应该是肯定的。养成走神习惯的孩子，也许未来也会变得不认真，那么将来他工作的时候就会出现纰漏，还有可能因为走神引发重大事故。孩子最初可能是在乎这个问题的，比如有的孩子被老师点出走神之后，会变得有些慌张，因为老师的指责最能让孩子感到难受，但有的妈妈却这样告诉孩子："没事，妈妈给你找别的好老师，我们补补课，就不会落下学习了。"

乍一看，我们似乎是在为孩子解围，但实际上，这样的做法，跳过了孩子对自己责任的认识过程，只是将"走神"与"落下功课"做了一个简单粗暴的连接，而且我们也给孩子提供了一个足够让他松口气的补救方法。如此一来，孩子相当于完全不用承担任何责任，也不用理会老师的指责，因为他会产生这样一种认知——只要我功课没有落下，那我就还是好学生。更重要的是，这也会让孩子意识到，"上课是不是认真听讲，其实也没那么

重要，妈妈总能帮我找到好老师给我把课都补上的"。

我们以为这样做是在安慰孩子、关心孩子，但是这样的宠溺之心，却会慢慢把孩子打造成一个"无责任心、不尊重老师、不认真对待学习"的人。

这难道是我们希望看到的吗？不！相信没有哪位妈妈会如此期待。所以这种"爱"的教育也是有问题的，那么我们应该如何纠正呢？

第一，要让孩子认识到走神其实是他自己的问题。

心理学上有这样一种效应，那就是人们经常会用对自己有利的一面来判断客观事物，将不好的、错误的原因都归结于他人或外因，这就是"自利性偏差"。孩子对于走神这个问题的接纳过程也是如此，他可能并不觉得自己是有问题的，所以才会因为老师或者他人的指责而产生委屈的心理，就算没人指责，他也会认为是自己受到了他人影响，而为自己感觉不值得。

我们要纠正孩子的这种想法，就要从帮助他认清自己的问题开始。不要人为地去为他找其他原因，所谓的理解他的感受，并不意味着和他一起抱怨或委屈，而是理解他因为自己没做好感到难过的心情，但却要让他意识到导致目前这种状况的重要原因就是他自己没有做好。归结出准确的原因，孩子才能知道自己应该怎么去做。

第二，不要主动为孩子提供补救的方法。

有的孩子一遇到问题就来找妈妈，而妈妈每次也毫不犹豫地就回应他，并帮他把问题解决得圆满又漂亮。这正是溺爱的典型表现，养成依赖习惯的孩子，未来将不具备自我解决问题的能力。

正确的做法应该是，我们和孩子一起分析他走神的原因，然后引导他自己去思考，包括如何补救因为走神而造成的功课缺失的问题。如果他能自己解决，我们只要在一旁观察并给出简单的建议就可以了，如果他实在不能解决，我们最好等到他来求助，然后再给他提供一些可以参考的方案。

简单来说就是，除非孩子自己过来要求"妈妈，请给我找老师补一补吧"，否则我们不要给他提供这么便捷的解决方法。孩子要通过这一次次失败或者问题，逐渐产生责任心，这对他的成长是有必要的。

第三，让孩子自动产生危机意识。

人应该有危机意识，这样他才能学会未雨绸缪，学会为自己的未来打基础，即便遇到困难，也不会轻易被打垮，而是有能力去思考和解决。所以我们需要慢慢撤回自己对孩子的全方位呵护，要让孩子自己去经历一些事情，让他不再放纵自我，不再对问题毫不在意。

就拿走神来说，孩子在课堂上走神，肯定会吸引老师的注意力，而他对知识掌握得不牢靠，也会让他在日后的作业、考试中吃到苦头。这些难过的情绪都需要他自己去承受，并自己去进行调节。孩子只有自己产生了"这样做不行"的想法，也就是产生了对自己未来学业的危机意识，才能主动为自己去努力，而并不需要我们过多地插手。

孩子过来一下，听到没有？

——不随意打断、干扰孩子正在专心做的事

在培养孩子具备良好注意力的过程中，我们的一些做法可能是有问题的。而且对于有一些孩子来说，他之所以不能很好地集中注意力，在课堂上做不到专心致志，可能恰恰就是我们对他的影响。

有一个孩子在日记里这样吐槽自己的妈妈：

我妈是一个特别自我的人，只要是她想做的事情，才不管别人在做什么。所以我经常在认真写作业的时候就听到"你过来一下，帮我……"这样的话，要不就是忽然就推门问我"你吃什么"，还有一次竟然因为找不到电视遥控器就闯进我的房间，不让我好好看书，非要我承认是我拿走偷藏起来了。

不只是做作业的时候，我基本上没法好好看一集动画片，也没法好好吃一顿饭，妈妈总是想起一出是一出。可她却觉得，"我是妈妈，我指使你一下怎么了？还不能问你了？学习是你自己的事，你自己学不好怎么能怨我呢？"

我也真是不得不"服气"啊！

孩子说的也许有些夸张，但不能否认的是，很多妈妈的确是有这样的问题的。她们总觉得孩子是应该完全听从于自己，并任由自己差遣的，并觉得孩子理应为自己负责，所以即便是自己影响了孩子，孩子也本该有自我调节及应对的能力。

如果是因为这个原因，而导致孩子的注意力无法集中，甚至影响了日常上课的听课效率，那我们就应该好好反思一下了。

以下几个问题，值得我们认真思考。

第一，你是在寻求帮助还是在变着法地对孩子展开"监视"？

有的妈妈说是在让孩子给自己帮忙，但其实就是在借助各种"寻求帮助"的机会，来探查孩子到底有没有在认真做事。同时，有的妈妈可能还有另外一种心思，那就是关注一下自己在孩子内心到底占多少分量，如果孩子立马来帮忙，那妈妈自己还觉得挺舒服，认为孩子果然顾及着妈妈；但如果孩子专心致志没听见，妈妈反而还觉得孩子是不是有意忽略自己。

作为妈妈，如果我们都不能信任孩子，总是找各种理由借口来打扰他，那就不要抱怨孩子不能集中注意力了。我们需要扭转自己这种心理，信任孩子，也给孩子一个自由成长的空间。当我们不盲目的时候，自然也就能清晰地意识到孩子需要的是什么，而我们自己也要成长起来，其实"监视"

这种行为真的是自私又幼稚的表现。

第二，你如何看待孩子因此而来的抱怨？

孩子不可能一直这么任由差遣，如果他总是在集中注意力的时候被打断，他也会感到烦躁。孩子过来抱怨，如果你反而说他不会自己学习，那可就真的让孩子听来伤心了。

有的妈妈之所以觉得不能忍受孩子的抱怨，其实是没有发觉自己对孩子的影响，认为孩子这样来报以反对之声，是孩子不肯听话的表现。可孩子原本都不会这么明显地抱怨妈妈的，除非他真的不能忍受了，那么这时我们应该反思自己的言行。

倒不如和孩子好好聊一聊，听听他对我们这种行为的感受，同时也可以和他商量出一个好的解决方案来。而且这种商量会让孩子感觉自己受到了尊重，他会愿意说出心里话，没准儿还会向你做保证，他会乐于在自己不忙的时候给你帮助，并愿意主动承担更多的事情。

第三，醒一醒，你是在"说一套做一套"吗？

其实那些在孩子认真做事的时候唤走孩子的妈妈不一定不知道孩子是需要专注的，但她们却可能会"说一套做一套"。嘴上会说着"你要集中注意力，不能随便被影响"，可却反复在孩子认真的时候去打扰，一旦孩子不理会，却还会说孩子是在逃避自己的家庭责任。要真是这样的话，我们就该让自己"醒一醒"了。

我们应该成为表里如一的妈妈，如果知道怎样做才是正确的，那就要真的按照正确的去做。先做好自己应该做的事，然后才能去要求孩子。

第四，你能否为孩子提供让他专心下来的环境？

要实现这一点，说难也难，说容易也容易，重点就看我们是不是能转换心态，放下内心里的烦乱。孩子要成长，就需要独立的空间，不要把他时时放在自己眼皮子底下，而是要养成他自律的好习惯，给他培养自己专注力的机会，让他能不受家人影响。

我居然患了"大脑肥胖症"

——反思自己是否能专注，能否做好榜样

在这个信息爆炸的年代，人脑接收的信息太多，就可能引发一种大脑认知上的流行病，也就是"大脑肥胖症"，又叫"注意力匮乏症"。其具体表现为以下几种情况：

第一，面对工作的时候，会有一种茫然无措的感觉，不能马上进入状态，会不由自主地浏览网页、使用各种社交、聊天软件。一番折腾下来，工作质量与效率低下。

第二，只要不见面，不管是使用电脑还是手机，都能和对方甚至很多人聊得非常顺畅，思维清晰且语言流畅。可一旦面对面，就会变得紧张无比，开口说话变得费力起来。

第三，因为长期使用网络，经常一次性获得大量的信息，大脑始终高速运转而无法得到休息，于是疲惫的大脑就会经常性地遗忘东西，且遗忘的速度在不断加快。

第四，慢慢感觉专心做一件事太难，不能集中注意力变成了一种习惯，不管是工作还是学习都受到严重影响。

仔细看一看这些表现，是不是与我们对孩子百般强调的"上课不要走神"的要求不能一致呢？如果你发现自己与这些表现相当"符合"，那么当你再去教育孩子要认真专注的时候，可就显得底气不足了。

父母是孩子的第一任老师，妈妈更是孩子模仿学习的榜样，所以教育孩子之前，我们先要好好审查自己。如果你正深陷"大脑肥胖症"的困扰之中，那就先尽力改变自己，再去给予孩子正向的影响。

首先，提升自己对时间的掌控能力。

不能很好地操控时间，是导致我们注意力无法集中的一个重要原因，如果我们想要求孩子有良好的作息，那么我们自己首先就要对时间有很好的掌控。

我们应该先给自己定一个时间表，什么时间开始做什么工作，要做多久，要完成怎样的量、实现怎样的质，最好都明确标示出来。并且，工作的时间要和休息的时间穿插进行，不能互相干扰。

时间表定好之后，就要提醒自己远离各种杂乱信息的诱惑，不总去接纳太多新鲜信息的刺激。就好像节食一样，保持自律，强迫自己把注意力都集中在工作上，坚持劳逸结合，一段时间过后，相信情况就会有改善。

其次，控制对手机、电脑等电子产品的使用时间。

科技的发展，让手机、电脑等电子产品变得功能更加强大繁多，但也

正是因此，才让我们过分沉迷于其中，导致大脑对信息接收过多而疲惫。尤其是有孩子的家庭，如果我们自己对电子产品过度依赖，就势必会忽略孩子，这显然并不利于亲子关系的发展。既然是要给孩子的注意力培养做榜样，那么现在就是我们控制电子产品使用时间的大好机会。

可以给自己立一个规定，比如，只要孩子回家，我们就先暂时放下电子产品，和孩子进行各种互动，除非有特殊情况，否则不去触碰、观看，尤其是也不要特意给孩子观看把玩。

或者是安排一些"无××日"，比如一位妈妈是这样做的：

　　每个周六，妈妈都会将这天定为"无微信日"，妈妈会暂时关掉手机、电脑微信的提示声音和信息，不去过多关注谁又发了什么内容。如此一来，妈妈看手机的次数就少了很多，也能更多地注意到孩子说了什么话、做了什么事。

我们也可以参考这样的做法，定一些"无微信日""无游戏日""无各种'刷'日"等，或者干脆在某些特殊假期的日子里，定出"无手机日""无电子产品日"等。

电子产品虽然是生活的必需品，但却并不是非它不可的东西，我们要逐渐弱化它们对生活、工作的影响，让它们恢复其本来的作用，比如联系作用、必要时的搜索作用等，将更多的时间留给孩子、家庭，同时也让我们的大脑从这些繁多、复杂的信息中解放出来。

最后，多走到户外，接触大自然、接触人群。

如果你觉得在家里不看手机、不玩电子产品有些无聊，那就多走到户外，与大自然、人群多接触一下试试看。现代社会的人们，越来越多的人开始具备"宅属性"，宁愿窝在家里与电子产品为伴，也不肯出门，这正是"大脑肥胖症"高发的原因。

家有孩子，相信我们也都希望他是一个健康、活泼的人，那么我们不妨带他一起走到户外，和他一起锻炼身体，和他进行各种户外游戏，让他与家人一起增进感情交流，带他去不同的场所结交更多的朋友。如此一来，我们的生活以一种更健康的方式丰富起来，孩子也可以建立起一种更符合他成长规律和需求的健康生活好习惯。

第七章

不可错过的注意力训练

——提升专注力，孩子越学越有劲

提升孩子的专注力，不是只靠我们着急或只靠孩子觉得有压力就能实现的，我们也非常有必要借助一些有效的注意力训练，让孩子通过这些练习，使自己的大脑得到锻炼，养成专注的好习惯，从而更有效地提升专注力，进而对学习产生兴趣，越学越有劲，越学越爱学。

孩子，咱现在就只做这个

——训练孩子在一定时间内专做一件事

我们提倡孩子一心一意，就是希望他能做到在某一时间里专注做某一件事，养成这样的好习惯，孩子上课自然也就能专注听讲了。

然而，很多孩子却是"三心二意"，导致状况百出：

有的孩子高估了自己的能力，希望自己能在同一时间里做到很多事，比如曾经有孩子想要同时完成语文作业和数学作业，结果反而浪费了时间。

而有的孩子对自己能力的高估是"反面"的高估，他认为自己"即便一边玩一边学也完全没问题"，所以毫不在意地学习，将玩穿插其中，看上去非常懒散。

还有的孩子就是真的不自觉地就三心二意了，做一会儿作业，脑子就开始溜号；站起来喝口水，结果就被电视吸引了；和妈妈说两句话，一下子就聊起来没完了……总之就是没法静下心来去做一件事。

还有一种孩子是急性子，一件事还没做完，就想着下一件事，做什么

都着急忙慌，自然也是既费时又得不到好结果了。

　　比尔·盖茨说："我不比别人聪明多少，我之所以走到了其他人前面，不过是我认准了一生只做一件事，并且把这件事做得完美而已。"实际上，在某一个时间里专心做一件事，正是某些人成功的关键。

　　孩子的一生势必要经历数不清的事，如果他掌握了在某一时间专心应对某一件事的能力，这将有助于他真正处理好身边的所有事。所以，我们可以这样来提醒孩子：

"不知道先做什么的时候，要掌握做事的'秩序感'。"

　　当遇到很多事情同时出现的情况时，我们要教孩子掌握做事的"秩序感"，引导他学会给事情分清主次轻重，让他能自己给事情分类排序，从而保证每件事都能按次序做完。

　　比如，孩子想要看书写作业，但也想看动画片，还想要出去骑单车，那么他就要分清主次轻重了。显然在这三件事中，看书写作业对于学生来说是最重要的事情，那这件事就要被排在首位，而看动画片和骑单车，相比较而言，骑单车可以归为一种运动，有助于身体锻炼，那么也可以建议他先去运动，回来再看动画片作为休息。当分清主次轻重之后，孩子自己就能区分什么事需要先做什么事可以后延。

　　还有一种情况，是这些事情的主次轻重其实是一样的。比如有的孩子玩的时候，又想要玩滑梯，又想要玩沙子，这二者不能兼得，那么他就要在心中甄选一下，看哪个倾向更强烈，或者根据现场情况评估一下，哪个人少就先玩哪个。

总之，孩子对于自己手头的各种事情应该学会去评判，掌握秩序，做事也就有了条理，自然也就能远离三心二意了。

"一旦决定开始做一件事，就要摒弃杂念专心去做。"

"吃着碗里的，看着锅里的"，这句俗语经常被拿来形容贪心不足。不过放在孩子不能集中注意力的表现上，这种形容也是恰当的。比如，写着语文作业，心里又想着数学作业几道题怎么做；玩着游戏，又想着某个玩具怎么折腾，心里不静，孩子又怎么可能把手头正在做的事情做好呢？

所以我们有必要提醒孩子，"不管多少事，一旦决定开始做某一件事，那就先要把其他想法暂时都抛开"，做完眼前这一件，彻底完结之后，再去专心想下一件事。

有位妈妈是这样告诉孩子的："你看，你现在已经开始写作业了，就算想要去玩游戏，也不可能放心离开去玩，毕竟作业做不完可是要被老师批评的哦！那还不如先专心考虑作业，等做完了，认真去玩吧！"

当然，杂念太多的孩子也是需要时间来调整的，不要指望他一上来就能把头脑中的杂念都扔干净。我们一开始也可以督促一下，从而引导孩子逐渐养成好的习惯。

"做的事情如果太复杂，那就分阶段来做一下吧！"

老师留了很多作业，要一次性保持高度注意力全部完成，对于小学生来说并不容易，尤其是低年级的学生，可能更难坚持。这时候不妨建议孩子把事情分成几个阶段，比如把作业内容分成三部分，每个时间段做一部分，直到最终全部做完。

这时要注意帮助孩子稳住他的急躁情绪，因为有的孩子恨不得一下子把所有内容都做完，还有的孩子会开始担心自己做不完，而又有的孩子则会抱怨要做的事情太多，所以分阶段是很有必要的。也可以将分阶段与建立秩序感联合起来，让孩子把不同轻重主次的内容区分开，从而帮助他更高效地完成所有事情。

娱乐和游戏，也有大用啊

——有针对性地对孩子进行有意注意训练

注意力也是有区分的，一般分为"无意注意"和"有意注意"。

无意注意就是我们平常经常说的"不经意"，一般是指没有事先预定好的目标，也不需要意志力努力的注意；而有意注意是人类特有的心理活动，是有预定目的的、需要意志力努力的注意，受到人自身意志的调节和支配。

在孩子身上，无意注意居多，所以他很容易就被外界事物所影响。而对于日常生活与学习来说，显然孩子更需要有意注意。比如，教室外有其他声响，孩子的注意力就会受到影响。如果他可以控制自己的注意力，进行有意注意，就能重新调动注意力去"追老师"，保证思路不会被带跑。而且随着年级的提升，孩子就更加需要有意注意来维持他在学习上的专注力，同时也能帮助他克服更多的影响。

为了帮助孩子把涣散的注意力拉回来，为了能让他在未来拥有更强的有意注意，我们不妨有针对性地对他进行一些有意注意的训练。

训练开始前：引导孩子自己产生主动意识。

有意注意需要孩子自己有一个主动意识，简单来讲，就是他要知道自己为什么要有意识地去注意某些事情。

比如上课，他需要明白自己为什么必须有意注意老师的讲课。那么我们就可以引导他去思考"认真听课会得到什么，专注听课学来的知识对于他日后的学习、作业、考试又能带来怎样的回报"，通过这样的思考，孩子会发现对自己有利的内容，从而乐于产生这种主动性。

事实上，趋利避害是生物的本能，孩子也会更乐于去做对他有利、有益的事情。引导他自己主动思考，就是在让他能产生自我有意注意的动力。

训练展开过程：借助孩子最熟悉也最喜欢的内容。

孩子都喜欢玩，那么一些娱乐项目和游戏，就能让他在轻松愉快的气氛下，既享受到了玩的乐趣，同时也让自身的注意得到了锻炼。

比如，下棋、玩拼图、数字接龙游戏、成语接龙游戏；带着孩子和其他同学凑在一起，来个接力比赛；端乒乓球不掉、运水不洒、摞积木看谁最高不倒；等等。这些都需要集中注意力才能进行下去，也才能获得孩子希望看到的结果。

有一个名为"舒尔特训练法"的训练内容，据说被称为世界范围内最简单、最有效也是最科学的注意力训练方法之一。这个训练需要一个名为舒尔特方格的方形卡片，其上画上1厘米见方的25个方格，在格子内任意填上从 1 ~ 25 共 25 个阿拉伯数字。训练时，让孩子用手指按照从 1 到 25 的顺序指出每一个数字的位置，同时将数字读出声音来，妈妈则可以在一旁记录时间，看孩子从 1 数到 25 要多长时间。随着训练的进行，当孩子所需时间越来越短时，就意味着他的注意力正在不断加固提升。

大部分小学生的年龄范围刚好处在 7 ~ 12 岁，那么对于这年龄段的孩子来说，如果训练时间为 26 秒，就是优秀；42 秒则为中等水平；如果是 50 秒的话，说明注意力问题比较大了。我们不妨针对这样的标准来对孩子展开训练。

如果有兴趣继续提高练习难度，也可以在 25 格里写上打乱顺序的五言绝句，再有几个不太相关的字做干扰项，类似央视《中国诗词大会》节目给选手出的题目。还可以制作 36 格、49 格、64 格、81 格的图表。这个训练可由妈妈主持，每天坚持对孩子进行 5 分钟训练，可有效地改善孩子注意力分散、专注力不足的症状，明显改善和提高孩子的专注力水平，从根本上做到上课注意听讲，高效率、高质量完成作业，提高学习效率，自然而然地降低考试错误率，顺理成章地达到提高考试成绩的目的。

但很多事物都不是完美的，这种号称"简单、高效、科学"的训练方法也有其缺点，因为这种训练枯燥乏味，更适合有毅力与使命感的特殊人群，对于年龄较小的孩子采用这种方法效果可能会打一定折扣。尽管如此，做妈妈的也不妨给孩子尝试一下。

训练注意事项：循序渐进，同时成为不重复、不啰唆的妈妈。

注意力训练不可能做到立竿见影，而是要循序渐进，要让孩子的注意

力一点一点地被拉回来，并最终形成好习惯，所以我们要有耐心，一个是对训练坚持的时间有耐心，一个是对孩子有耐心，容忍孩子的反复。

同时，我们也要保证自己的各种表达不要成为干扰孩子注意力培养的因素，比如有的妈妈很啰唆，同样的话反复说多遍，没完没了地说，时间久了孩子会感觉厌烦，会导致他养成听话心不在焉、不注意重点的习惯。

所以我们平日里就要注意自己的讲话习惯，学会说一遍，学会抓重点，同时提醒孩子"我只说一遍，如果你错过了，后果自己承担"，有时候也可以让孩子重复我们所说的话，以起到加固记忆、提升注意力的作用。

读书时间，30 分钟咱都不动

——阅读训练，让孩子沉下心来不浮躁

其实要让孩子的注意力得到训练，有一个很简单却也能看到不错效果的办法，那就是读书。我们不妨回忆或者观察一下，孩子对于自己喜欢的书、感兴趣的书，是不是都会全神贯注，有的孩子甚至会因为看得入迷而听不见周围的声音，想不起来吃饭喝水睡觉，这就是书的神奇所在。

而且，对于所有的妈妈来说，如果孩子能专心看书，我们从内心深处应该也会有欣慰感，更会乐于看到他如此，这无疑也会促使我们产生愉悦情绪，从而更愿意为孩子创造一个良好的读书环境。

显然通过读书来训练孩子的注意力，会在家里产生一种良性循环，或者说会促进家里的环境不断变得更加宁静专注，对于孩子来说，不仅仅是提升注意力，他的知识面、气质都会因为多读书而得到提升，这种一举多得的好事，我们大可一试。

不过，对孩子开展读书训练，我们也需要掌握"恰当"二字：

第一，选择恰当的书籍。

选对了书，孩子才愿意接纳你提出的"来读书吧"的意见，我们需要注意这样几点：

年龄特点：在孩子当下年龄段，能够读得进去、读得懂的内容，才能让孩子愿意读下去。可以稍微超龄一些，但最好不要难度过低。

兴趣喜好：喜欢的才愿意看，这就是孩子对书的简单认知。那么我们就在他喜欢的内容里，去选择正能量、长知识、有思想的内容就好。

知识思想：孩子没有足够的分辨能力，所以我们就要严格把关，为孩子提供有知识而又有正面积极思想内容的书籍。

长短厚薄：太短的内容、太薄的书两页就翻完了，频繁更换反而让注意力更加涣散；太长的内容、太厚的书，怎么看都看不完，孩子也会觉得厌烦。长短厚薄只有适度，才是最适合孩子的书。

内容表现形式：全是图画的书，内容表现形式太过简单；全是文字的书，阅读时又太过疲劳，不同年龄段的孩子可能对于图画与文字的比例也是有要求的。

第二，创造恰当的氛围。

这个氛围包括两方面：第一个方面是指物质环境氛围，第二个方面则是指精神环境氛围。

物质方面，有可选书的书架，不杂乱的书桌，合适的读书地点，整洁干净的读书环境，都是让孩子能静下心来的环境内容。而精神方面，全家人或者至少是妈妈就有良好的读书习惯，会让孩子也不自觉地更愿意接纳读书活动。

另外，为了培养孩子的好习惯，我们也可以从固定读书时间开始。这个时间可以循序渐进，比如一开始规定孩子读书10分钟，然后逐渐延长，直到一小时，每当时间结束，要给孩子足够的休息时间，所以可以用闹钟、牌子等方式提醒他，直到好习惯养成。

当然有一点要注意，读书训练，是培养注意力的过程，但不是剥夺孩子所有其他行为的手段，读书安排一定要有度，不要强迫，不要苦口婆心。注意力的培养也要讲求智慧，而不能过分在意。

第三，介绍恰当的方法。

读书也是有技巧和方法的，会读书才能把书读进去并读出意义来。"朱子读书法"是一个值得我们好好向孩子推荐并教他学会的方法。

朱熹这位宋代著名的理学家、教育家，对读书提出过很多重要的原则和方法，概括总结来说，"朱子读书法"要求读书应该"循序渐进、熟读精思、虚心涵泳、切己体察、著紧用力、居敬持志"。

循序渐进，就是读书要讲求次序，对于多本书来说，应该读完一本再读一本；对于一本书来说，应该讲究篇章文句、首尾次第。

熟读精思，就是要多读，正所谓"读书百遍，其义自见"，只要是书本上的文字，包括前言、后记、注解在内都读通透才好。而且，读书一定要思考，才能更好地理解内容。

虚心涵泳，则是指读书一定要虚心，摒弃杂念去体会书中的道理，不要一知半解就自立其说，以免形成误读。

切己体察，是要求读书时要全身心投入，不能只是眼睛看了文字就算了，要多体会，才能将书中道理理解透彻。

著紧用力，也就是《弟子规》上讲到的"宽为限，紧用功"，要抖擞精神，在读书上用心而不放松，不能一直拖着不做。

居敬持志，读书就要心思专一，坚定志向，才可能真正取得读书的效果，并爱上阅读。

另外，读书还有许多其他的方法，比如先学会泛读，了解了大概意思之后，再进行精读；还要注意动手、动脑，勤于思考、善记笔记；对一些好书进行反复阅读，一方面加强记忆，一方面在不同阶段的思想也会有所不同；等等。

好的阅读方法和技巧，能够帮助孩子集中注意力读书，让孩子体会到读书的快乐，更能对他的精神层面有所提升。

第四，引发恰当的思考。

读书一定要有思考，但孩子的思想是天马行空的，我们一方面要鼓励孩子有丰富的想象力，而另一方面也要帮助孩子规范他的思想，以免他因为胡思乱想反而误入歧途。这就需要我们自己最起码有正确的"三观"，也要能读懂书中的内容，并有智慧地去引导孩子顺着正确的思路去发散思维，让他真正体会到读书之妙。

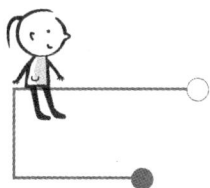

咱们比赛，看谁先走出迷宫

——对孩子进行目标引导训练

所谓目标引导，简单来说就是人们在做事的时候，都会有一个目标，达到目标，就代表事情成功，否则就是失败。显然人只有专注地向着预定的目标努力，坚持不懈，才能最终成功；而如果中途走神，放弃了努力，事情肯定要失败，或者实现目标的时间就要被无限期延长。

有的孩子之所以做事懒散、注意力不那么集中，没有目标也是其中的原因之一。这样的孩子往往不知道自己要做什么，或者即便知道目标但却提不起热情来。所以从这个角度来说，如果能对孩子展开目标引导训练，那也将有助于他集中注意力。

所以目标引导训练，就是先让孩子制定一个目标或者为他定下一个目标，然后将他的注意力引向这个目标，最后通过努力训练实现这个目标。

首先，帮孩子设立合理的注意力集中目标。

对于小学生来讲，注意力集中的目标并不需要多么复杂，而且最一开

始，一些容易实现的目标也能让孩子更具有成就感，看得到提升注意力的希望。所以目标的合理性，是提升孩子培养注意力信心的关键所在。

比如，集中注意力看完一本书，认真完成一篇图画的涂色，完成一幅拼图，等等，这些目标不会显得太难，孩子通过想象就能预见目标实现后的情景，这样一来他也会更愿意去完成目标。

而我们要予以鼓励，鼓励孩子有自信，让他不至于觉得任何一个目标都是有难度的；同时也要信任他，不过分催促，不强迫他做事，要让孩子有一种想要主动去做这件事的意愿，让他自觉地将自己的注意力集中到某一个目标之上。

其次，引导孩子建立合理的实现计划。

目标已定，孩子一定能完成吗？如果盲目地去做，其答案就是不确定的。但如果孩子能有一个计划，那么他离目标实现就近了一大步。

之所以要有计划，其实也是让孩子能循序渐进地去向目标靠近，就如前面提到的分清轻重主次有秩序，或者分阶段一步步来，目标后面的计划，其实也是对他注意力的一种锻炼。或者说，订立计划，其实也算是把大目标拆分成一个个更容易实现的小目标的过程，孩子实现起来会更迅速有效。

当然这个过程中我们可以给孩子一些提醒与指导，或者根据他的需求给予合理的建议，用我们的耐心来让孩子产生自觉性。

再次，一些小游戏也可以借用一下。

传递物品的小游戏，会让孩子在玩的过程中就感受到目标引导训练的作用。

比如，不用出房间，在家里设定一些藏宝点，然后和孩子玩"投递宝藏"的游戏，让孩子在一定的时间里，将不同的宝藏分别送到不同的地点。全部送到且没有超出时间，孩子才算赢得了游戏，可以获得奖励，以此来激发他玩游戏的兴趣以及自觉主动提升注意力的意愿。

最后，鼓励孩子真的付诸行动才能实现目标。

有些孩子不是没有目标，而是有了目标却不努力向前靠近。这样的目标就只是眼前的大饼，饿晕了也吃不到。所以我们还是要鼓励孩子真的去付诸行动，为了实现目标而去努力。

这样的孩子一般都会比较懒惰，而且注意力相当散漫，所以对目标才会有无所谓的态度，这就需要我们多加鼓励，哪怕孩子能提起精神来感受到一次努力后的成功，也能让他体会到成就感，从而唤醒他的热情。

孩子，指尖上有智慧

——对孩子进行动手能力训练，越投入越专注

苏联著名教育家苏霍姆林斯基说："儿童的智慧，在他的手指尖上。"

人的双手手指上分布着数以万计的神经细胞，灵活的手指运动，对于人的智力、注意力、视觉、听觉的发展非常重要。如果我们能对孩子进行动手能力的训练，不仅可以增强他的智慧与实践能力，同时也是培养他注意力的一个好方法。

之所以这样说，是因为孩子的动手能力越强，他注意力集中的程度越强，而且在动手过程中，灵活的手指会让孩子体验到成就感，这种因为成功而来的幸福感觉会促使他将更多的注意力放在要做的事情上。所以提升孩子的动手能力，同时也就是在对他的注意力进行训练。

事实上很多妈妈似乎没有这样的意识，她们从来不认为多动手与认真学习有什么联系，相反的，她们在生活中多半都是这样子的：

把孩子养成"衣来伸手、饭来张口"的样子，恨不得什么都替孩子做好，遇到需要孩子动手的时候，则抢着帮孩子做完，给孩子的解释无非两种，一种是"你还小，不需要你做，以后长大你自然就会了"，一种则是"你把学习搞好，我就最开心了，你哪怕什么都不做，我也没意见"。更有的妈妈比较极端一点，孩子动手了，不会得到肯定，反而是被批评，批评的原因就是孩子耽误了学习。

我们不能忽略孩子指尖智慧的培养，必须扭转内心这种狭隘的想法，把对孩子动手能力的培养重视起来，手灵活了，孩子的学习自然也就认真了，这才是真的"牵一发而动全身"。

所以，我们不妨试着这样做：

第一，尊重孩子生活中的动手机会。

手的功能也是用进废退的，现在的很多孩子，动不动开口就是"妈妈，帮我拿那个""妈妈，这个我弄不开""妈妈，怎么不给我拿东西"……孩子们习惯了被伺候，他的手自然也就变懒了，进而他整个人都变得懒惰起来。

生活中有太多需要孩子自己动手的事情了，我们要尊重这些机会，满足孩子想要动手的心理。刷牙洗脸、穿衣叠被，收拾碗筷、打扫房间，这些是最基本的动手内容；而给爸爸搭把手帮忙拿东西，顺应妈妈的要求帮妈妈做点事，这些则是家庭中升级版的动手内容；遇到困难了自己先动脑动手尝试一番，在他人的指导帮助下尽量自己努力完成，这就是再高一级的动手内容。

第二，不要依赖电子游戏的双手操作。

很多孩子经常拿着手机或者平板电脑，两手飞快地进行游戏操作。有的妈妈可能就产生误解了："这不也是在动手吗？这还锻炼手速呢！"

其实不然，电子游戏的动手限度是有限的，而且对于年龄小的孩子来说是非常不健康的行为，因为孩子的手骨骼发育还不健全，长时间保持一个姿势让手进行运动，会容易给手带来损伤，有些损伤甚至是不可逆的。

所以，我们不能做这样愚蠢的妈妈，真正的动手操作，是要让孩子双手灵活运动起来，抓、拼、插、拔、揉、捏等各种动作灵活表现，只有这样对手的训练才是有意义的。

第三，满足孩子动手做手工、做实验的乐趣。

抛开那些电子产品，孩子本身对于动手操作其实都是感兴趣的。所以如果孩子有想要动手的冲动，跟你要笔、要纸，搬出积木，拿出瓶瓶罐罐，或者准备了很多工具，那就去了解一下，看看孩子想做什么，了解他的手工或实验是否有危险性，如果健康安全，那就放手让他去做。

第四，借助特训：从 1 写到 300 的测试题。

2012 年 6 月 19 日，南方科技大学福建复试考试中出现了一道题目，"在一张单独的试卷上，7 分钟内将数字 1 至 300 全部写下来"。这场考试几乎"全军覆没"，只有两个人完成。

时任校长朱清时对此解释："这是考查学生的注意力，看他能不能写完、会写错多少。一般人坚持不了 7 分钟这么高强度的集中注意力，写到中间就会走神、出错。所以，这道题看似很容易，其实用它考查一个人的注意力是很见效的。"曾经有医生也给出解释，在 7 分钟内从 1 写到 300，测试了人的协调性、思维连贯性、精细操作和注意力等四个能力。而注意力是否集中，就与前三个能力紧密相关。

某电视台教育类节目也提到了这个测试题，现场的孩子和成人参加测试，总体来说从 1 写到 300 保证不出错，不管是对孩子和成人都富有挑战性。所以，在日常的训练中，我们也不妨对孩子展开这样的一种特训，当然不要期待他一开始就全对，可以每次都与前一次进行一个比对，看他的专注力是否有所提升。

总之，这个测试题还是比较有意思的，对提升孩子的专注力也有较大的帮助，不妨让孩子试试，我们自己也可以尝试一下。